Schriften

des

Vereins für Sozialpolitik.

---

173. Band.

Beiträge zur Wirtschaftstheorie.

Herausgegeben von Karl Diehl.

Erster Teil.

Volkseinkommen und Volksvermögen.

Begriffskritische Untersuchungen.

Verlag von Duncker & Humblot.
München und Leipzig 1926.

Beiträge zur Wirtschaftstheorie.

Herausgegeben von

Karl Diehl.

Erster Teil.

Volkseinkommen und Volksvermögen.

Begriffskritische Untersuchungen.

Wissenschaftliche Gutachten

von

Alfred Amonn, Gerhard Colm, Ernst Schuster,
M. R. Weyermann, Franz Zizek

Verlag von Duncker & Humblot.
München und Leipzig 1926.

Piererſche Hofbuchdruckerei Stephan Geibel & Co., Altenburg, Thür.

Inhaltsverzeichnis.

Einleitende Bemerkungen zur Diskussion über die Begriffe Volksvermögen und Volkseinkommen.

Von

Karl Diehl, Freiburg.

Eine der Fragen, die dem wissenschaftlichen Nationalökonomen vom Laien mit besonderer Vorliebe vorgelegt werden, lautet: Wie groß ist das deutsche Volksvermögen? Der wissenschaftliche Nationalökonom pflegt prompt mit einer der ziffernmäßigen Feststellungen von Helfferich, Steinmann-Bucher usw. aufzuwarten. Der Laie ist froh und dankbar, daß er so rasch aufgeklärt wird, fügt aber wißbegierig noch die weitere Frage hinzu: Wie groß das französische, englische und amerikanische Volksvermögen wäre? Auch hierauf erfolgt ebenso prompt auf Grund der bekannten statistischen Feststellungen eine Antwort, und der Nationalökonom ist froh, den lästigen Fragesteller los zu sein. Der Nationalökonom weiß genau, daß diese ziffernmäßige Angabe wenig oder vielmehr gar nichts über das sagen will, was der Fragesteller eigentlich wissen möchte, und er weiß auch, wieviel Fehlerquellen in diesen ziffernmäßigen Angaben stecken. Kein Nationalökonom wird etwa das Resultat, wonach Steinmann-Bucher vor dem Kriege das deutsche Volksvermögen auf 350 Milliarden, das französische auf 250 Milliarden und das britische auf höchstens 300 Milliarden bezifferte, als irgendwie beachtlich ansehen. Aber im Grunde ist es ja nicht schlimm, wenn ein Fragesteller mit einer Antwort abgefunden wird, die wissenschaftlich nicht als einwandfrei anzusehen ist; weit schlimmer aber und direkt verhängnisvoll kann es sein, wenn derartige ziffernmäßige Angaben bei schwerwiegenden wirtschaftspolitischen oder finanzpolitischen Entscheidungen herangezogen werden. – Tatsächlich sind diese Ziffern auch bei schweren Schicksalsfragen des deutschen Volkes als wichtiges Beweismaterial benutzt worden. So wurde z. B. bei jeder neuen Aufforderung zu den Kriegsanleihezeichnungen während des Weltkrieges immer wieder betont, wie gering diese Anleihe sei verglichen mit dem deutschen Volksvermögen im Betrag von so und so viel hundert Milliarden. Dieser Satz fand sich immer vereint mit dem anderen, daß das „Geld im Lande bleibe". Auch bei Beurteilung der Frage, ob die Bestimmungen des Versailler Vertrages oder ob die Dawеslast für Deutschland tragbar seien, wird die Größe des deutschen Volksvermögens pro et contra verwertet. Hier kann eine kritiklose Heranziehung derartiger ziffernmäßiger Angaben von sehr bedenklichen Folgen sein[1].

Da der Verein für Sozialpolitik jetzt einen Unterausschuß für theoretische Probleme eingesetzt hat, auf der anderen Seite aber naturgemäß solche theoretische Fragen in erster Linie behandeln muß, die irgendwie in direktem Zusammenhang mit Problemen der Wirtschaft und der Sozialpolitik stehen, hat unser Ausschuß gerade dieses Thema mit bewußter Absicht als erste Untersuchung herausgegriffen. Die vorliegenden Gutachten und die heutige Diskussion werden natürlich nicht dahin führen können, daß wir uns auf eine endgültige und eindeutige Lösung des Begriffes von Volksvermögen und Volkseinkommen einigen werden, wohl aber sollen sie zur Klärung des theoretischen Problems beitragen und noch schärfer als vorher die Schwierigkeiten erkennen lassen, die mit diesen begrifflichen Feststellungen verbunden sind.

In der Literatur der theoretischen Nationalökonomie herrscht noch ein bedauerlicher Wirrwarr in bezug auf die Begriffe Volksvermögen und Volkseinkommen, und es kann den Statistikern nicht verübelt werden, daß sie bei ihren Versuchen einer statistischen Erfassung des Volksvermögens oder Volkseinkommens schließlich ohne theoretische Fundierung des Gegenstandes auf eigene Faust vorgehen, wie Weyermann sich ausdrückt[2]. — Es ist in der Literatur ein Streit darüber entstanden und in den uns vorliegenden Gutachten auch erwähnt, ob der Primat für die begriffliche Feststellung von Volksvermögen und Volkseinkommen den Statistikern oder den Nationalökonomen zufalle. Also: soll der Nationalökonom seinen Begriff von Volksvermögen und Volkseinkommen so formulieren, daß der Statistiker damit etwas anfangen kann, oder soll der Nationalökonom unbekümmert um die statistische Verwendbarkeit seinen Begriff formulieren?

Zizek klagt darüber (Seite 131 seines Gutachtens), daß die entscheidenden Richtlinien fehlten, die nur ein präziser nationalökonomischer Begriff bieten könne. So liegt in der Tat die Sache: in erster Linie muß der Nationalökonom dazu berufen sein, diese begriffliche Vorarbeit zu

[1] Sehr richtig bemerkt Schuster (in seinem neuen Buche „Das Einkommen" Tübingen 1926, S. 113): „Es ist ein trauriges Geschick, daß gerade in kritischen Zeiten, wenn die Brauchbarkeit der Volkseinkommensermittlung auf den Nullpunkt gesunken ist, das Bedürfnis nach solchen Ermittlungen und die Benutzung (sc. Mißbrauch) solcher Ermittlungen größer ist."

[2] Jahrbücher für Nationalökonomir und Statistik 1916, S. 150.

leisten. Er hat für einen klar abgegrenzten Begriff von Volksvermögen und Volkseinkommen zu sorgen. Der Statistiker muß dann seinerseits zusehen, wie weit er mit dem ihm zugänglichen ziffernmäßigen Material die Größe dieses Volksvermögens oder Volkseinkommens feststellen kann; nicht aber kann vom Nationalökonomen verlangt werden, daß er seinen Begriff Volksvermögen und Volkseinkommen so bilde, daß der Statistiker etwas damit anfangen könne. Der Nationalökonom muß bei seiner Begriffsbildung das Ziel verfolgen, die volkswirtschaftlichen Zusammenhänge aufzuklären, gänzlich unbekümmert darum, ob die von ihm gewonnenen Begriffe auch eine ziffernmäßige Behandlung zulassen. Gerade so wie die theoretische Nationalökonomie einen Begriff der Grundrente aufstellt (und auch dieses Beispiel hat Zizek mit Recht erwähnt), trotzdem diese Grundrente im nationalökonomischen Sinne statistisch überhaupt nicht erfaßt werden kann, und ebenso wie wir einen Begriff des kleinen, mittleren und großen Grundbesitzes aufstellen, der ebenfalls ziffernmäßig nicht erfaßt werden kann, so muß es auch beim Begriff Volksvermögen und Volkseinkommen sein. Wir stellen diesen Begriff so auf, wie wir ihn zum Verständnis der volkswirtschaftlichen Zusammenhänge gebrauchen und müssen es den Statistikern überlassen, wieweit sie auf diesem Gebiete zu exakten ziffernmäßigen Feststellungen kommen können. Aber etwas kann und soll der Statistiker allerdings vom Nationalökonomen fordern, nämlich Klarheit und Eindeutigkeit in der Begriffsbestimmung selbst. Es ist ein unhaltbarer Zustand, daß so grundverschiedene Deutungen des Begriffs, worunter einmal ein Summenbegriff, dann wieder ein reines Abstraktum oder eine Fiktion — wie etwa Volksvermögen = nationaler Produktivkraft — zusammengeworfen werden. Hier ist — und auch darin stimme ich Zizek durchaus zu — ein wichtiges Feld für ersprießliches Zusammenarbeiten von Statistikern und Nationalökonomen gegeben. Der Statistiker gibt, indem er uns auf die Schwierigkeiten zahlenmäßiger Feststellungen im einzelnen hinweist, auch unter Umständen wertvolle Fingerzeige für vorsichtige begriffliche Formulierung.

Ich möchte zur Einleitung unserer heutigen Verhandlungen zunächst die Begriffe von Volksvermögen und Volkseinkommen angeben, wie ich sie selbst formuliere und einige kritische Bemerkungen zu den vorliegenden Gutachten daran knüpfen.

I. Zum Begriff Volksvermögen und Volkseinkommen.

Im Interesse der Klarheit und festen Abgrenzung müssen vier verschiedene Begriffe des Volksvermögens und analog auch des Begriffes Volkseinkommen aufgestellt werden:

1. Volksvermögen im Sinne einer Summe der Einzelvermögen der physischen und juristischen Personen, die zu einem Volke gehörten.

Wenn man unter Vermögen den Güterfonds versteht, der einer Person dauernd zur freien Verfügung steht, so ist es klar, daß es ein Volksvermögen im wahren Sinne dieses Wortes gar nicht gibt; denn das Volk als solches hat kein Vermögen. Vermögen haben nur einzelne Personen, und zwar sind hier gemeint entweder einzelne physische oder juristische Personen, d. h. die Erwerbsgesellschaften der verschiedensten Art. Zählt man die einzelnen Vermögen all dieser Subjekte, die zu einem Volke gehören, zusammen, so kommt man zum Summenbegriff des Volksvermögens, und zwar gehört zu diesem Volksvermögen nicht nur das Erwerbsvermögen, sondern auch das Konsumvermögen; denn es wäre absurd, beim Begriff des Volksvermögens etwa den Bestand an wertvollen Kunstschätzen, die bei manchen Völkern — man denke an Italien — einen ungeheuren Wert repräsentieren, auszuschließen. Volkskapital dagegen würde der Teil des Volksvermögens sein, der irgendwie zu Erwerbszwecken herangezogen wird. Man kann das Volksvermögen entweder

a) realiter in Gütern betrachten, oder

b) in Geldsummen ausdrücken.

2. Daneben gibt es den Begriff des Volksvermögens im Gegensatz zum Privatvermögen. Volksvermögen in diesem Sinne sind die Vermögensbestände, die nicht einzelnen Privatpersonen — juristischen oder physischen — gehören, sondern die sich im Besitz öffentlich-rechtlicher Verbände befinden. Hier haben wir echtes Volksvermögen vor uns insofern, als sich dieses Vermögen nicht im Besitz von Privaten, sondern irgendeiner Gesamtheit befindet. Es handelt sich also um das Vermögen des Reiches, des Staates, der Gemeinden. — Um eine Verwechslung mit dem Volksvermögen im ersten Sinne zu vermeiden, schlage ich für diesen Begriff des Volksvermögens den Namen Sozialvermögen vor. — Auch dieses Sozialvermögen kann entweder realiter in Gütern aufgefaßt werden, z. B. indem man die Eisenbahnen, Bergwerke, Domänen, Allmenden usw. aufzählt, oder man kann auch diesen

Begriff in Geldsummen zusammenfassen. Hierbei würde jedoch zweckmäßigerweise in Geldsummen nur das zu erfassen sein, was seiner Natur nach wirklich auch eine Tauschwertberechnung zuläßt, wogegen es wohl kaum einen Zweck hat, Teile des Volksvermögens, die nicht nur extra commercium stehen, sondern wobei auch ihrer Natur nach niemals an einen Verkauf gedacht werden kann, geldmäßig auszudrücken. Hierzu würden z. B. Straßen, Brücken, Kanäle usw. gehören.

Hat es irgendeinen Wert, wenn z. B. Colquhon im Anfang des 19. Jahrhunderts die englische Artillerie in Festungen zu 17 Millionen Pfund Sterling und die Schlösser, Paläste, 28 englische Kathedralen, 1000 englische und schottische Kirchen zu 27 Millionen Pfund Sterling ansetzt?[1] oder wenn Fellner die Landstraßen auf Grund ihrer Herstellungs- und Wiederherstellungskosten in das Volksvermögen einrechnet?[2]

3. Ein weiterer Begriff des Volksvermögens ergibt sich, wenn man das Volksvermögen im ersten Sinne und das Sozialvermögen addiert und so zu einem Begriff des Volksvermögens kommt, den ich als Nationalvermögen bezeichne. Dieses Nationalvermögen würde also sowohl das Vermögen von einzelnen physischen und juristischen Personen, als das Vermögen der öffentlich-rechtlichen Verbände zusammenfassen.

4. Schließlich ist noch ein weiterer Begriff des Volksvermögens nationalökonomisch von großem Interesse. Wir denken dabei nicht an das Volksvermögen, das irgendwie momentan in einer Geldsumme zu berechnen ist, sondern an eine Zusammenfassung der dauernden Grundlagen für die produktive Entfaltung aller wirtschaftlichen Kräfte in einem Volke. Natürlich denke ich hierbei nicht an so mystische Vorstellungen wie etwa nationale Tugenden, Tapferkeit, Tüchtigkeit u. a., sondern an sehr reale Dinge. Ich denke dabei an die einem Volke zur Verfügung stehenden produktiven Kräfte, die es zu dauernder wirtschaftlicher Verwertbarkeit besitzt. Ich möchte für dieses Volksvermögen den Namen nationale Produktivkraft wählen. Es ist hierbei zu denken — und zwar gänzlich unabhängig von den augenblicklichen Eigentumsverhältnissen — an die in einem Volke vorhandenen Ländereien, Forsten, Bergwerke, Wasserkräfte u. a. — Es

[1] Schnapper-Arndt: Sozialstatistik. Leipzig 1908. S. 264.
[2] Schnapper-Arndt, a. a. O. S. 265.

ist klar, daß hier ein gänzlich anderer Volksvermögensbegriff vorliegt. Verfügt z. B. ein Land über gewaltige Wasserkräfte, wie Schweden und Norwegen, so kann es in einem Zeitpunkt, in dem die Kohle durch Wasserkraft verdrängt sein wird, über ein gewaltiges Volksvermögen in diesem Sinne verfügen. —

Analog würde ich ebenfalls vier verschiedene Begriffe des Volkseinkommens aufstellen, und zwar

1. Volkseinkommen im Sinne einer Summierung der Einzeleinkommen von physischen und juristischen Personen, soweit es sich um Erwerbsgesellschaften handelt. Unter Einkommen wäre hier im Gegensatz zum Vermögen an die Güterbestände zu denken, die in gewisser Regelmäßigkeit immer wieder den betreffenden Personen zur Verfügung stehen.

2. Volkseinkommen im Sinne von Sozialeinkommen. Hier würde es sich handeln um die Einkommen bzw. richtiger die Erträge, die aus den im Besitz öffentlich-rechtlicher Verbände befindlichen ertraggebenden Unternehmungen fließen, also die Erträge aus Eisenbahnen, Bergwerken, Domänen usw.

3. Volkseinkommen im Sinne von Nationaleinkommen, wobei es sich um eine Zusammenfassung des Volkseinkommens im ersten Sinne und des Sozialeinkommens handelt.

4. Volkseinkommen im Sinne von nationaler Ertragsfähigkeit. — Analog zum Begriff der nationalen Produktivkraft würde man hier die Betrachtung auf die alljährlich von einem Volke möglicherweise zu erlangende Produktenmasse richten, also, wiederum abgesehen von den tatsächlichen Produktionserträgnissen, an die virtuell auf Grund der einem Volke zur Verfügung stehenden produktiven Kräfte mögliche Ertragserzielung. Es käme nicht darauf an, was tatsächlich in dem und dem Jahre an Einkommen erzielt wird, sondern was auf längere Zeit auf Grund der produktiven Kräfte an Erträgnissen herausgewirtschaftet werden könnte. —

Man könnte auch von Sozialprodukt sprechen in dem Sinne, wie Lansburgh diesen Begriff bildet und mit dem Volkseinkommen identifiziert. Lansburgh sagt[1]: „Die Gesamterzeugung einer Volksgemeinschaft (das Sozialprodukt) ist gleich dem Einkommen der Volksgemeinschaft (dem Volkseinkommen), ja schlechthin identisch

[1] In seinem Aufsatz „Volkseinkommen und Sozialprodukt" in „Die Bank" 8. Heft, August 1926, S. 438 und 445.

mit ihm; somit geht das Sozialprodukt restlos im Volkseinkommen auf und umgekehrt absorbiert das Volkseinkommen das Sozialprodukt restlos... Das Einkommen entscheidet darüber, wieviel gekauft werden kann, und wieviel unverwertbar ist; und das Sozialprodukt seinerseits, d. h. das Totale der verwertbaren Erzeugnisse im Lande, bestimmt die dem Volkseinkommen innewohnende reale Kaufkraft und damit das Volkseinkommen selbst."

II. Zur statistischen Erfassung von Volksvermögen und Volkseinkommen.

Wie schwierig, ja fast unmöglich es ist, zu einer einigermaßen exakten statistischen Feststellung der Höhe des Volksvermögens oder Volkseinkommens zu gelangen, ist in der Literatur schon so oft und so ausführlich behandelt worden, daß ich hierauf nicht des Näheren einzugehen brauche. Die Statistiker sind sich jedenfalls darüber einig, daß die ziffermäßige Bemessung des Volksvermögens und Volkseinkommens zu den schwierigsten Aufgaben der Statistik gehört. Auch in den uns vorliegenden Gutachten ist hierauf wiederholt hingewiesen; aber trotz aller Ungenauigkeiten und Fehlerquellen, die mit diesen statistischen Zusammenfassungen verbunden sind, wird sich doch für gewisse steuer- und finanzpolitische Zwecke immer wieder die Notwendigkeit ergeben, eine solche Feststellung vorzunehmen.

Welche Methode verdient den Vorzug bzw. hat relativ die geringsten Mängel aufzuweisen? Man unterscheidet bekanntlich die subjektive oder personale Methode, die von der Feststellung der personalen Vermögens- oder Einkommensverhältnisse — und zwar besonders auf Grund der Steuerergebnisse — ausgeht, und die objektive oder reale Methode, welche die Vermögensobjekte nach ihrem Verkehrswert, bzw. nach ihren Erträgnissen, und zwar besonders auf Grund der Nachweisungen der Versicherungsgesellschaften, zu ermitteln sucht. Mir scheint, daß keine dieser beiden Methoden absolut einen Vorrang beanspruchen kann, sondern daß es darauf ankommt, welche Art des Volksvermögens oder Volkseinkommens ermittelt werden soll. Danach muß dann die Methode gewählt werden.

Was die von mir aufgestellten vier Begriffe von Volksvermögen und Volkseinkommen anlangt, so scheint mir für die ersten drei Begriffe die personale, für den letzten Begriff die reale Methode am zweckmäßigsten zu sein. Bei den ersten drei Begriffen kann es sich lediglich um einen Summenbegriff handeln. Man addiert gewisse ziffernmäßig feststehende Daten zu einer Gesamtsumme. Zu diesem Zweck wird man immer noch trotz aller Mängel die Angaben der Steuerlisten heranziehen müssen. — Für das Volksvermögen im ersten Sinne wird man die Ergebnisse der Vermögenssteuern benutzen, und für die von der Vermögenssteuer befreiten Personen eine Schätzung vornehmen müssen. — Beim zweiten Volksvermögensbegriff, dem Sozialvermögen, wird man sich zweckmäßigerweise auf diejenigen Vermögensbestandteile der öffentlich-rechtlichen Verbände beschränken, die als ertraggbende Objekte überhaupt eine solche Schätzung ermöglichen. — Der dritte Vermögensbegriff stellt nur eine Zusammenzählung von 1 und 2 dar.

Analog muß bei den drei ersten Volkseinkommensbegriffen vorgegangen werden. Hier werden die Ergebnisse der Einkommens- bzw. Ertragssteuern zugrunde gelegt, und beim Sozialeinkommen die Erträge der öffentlich-rechtlichen Unternehmungen festgestellt.

Ganz anders muß bei der statistischen Erfassung des Volksvermögens im Sinne des vierten Begriffes des Volksvermögens und des Volkseinkommens, d. h. also der nationalen Produktivkraft und der nationalen Ertragsfähigkeit vorgegangen werden. Hier wäre die personale Methode irreführend und zwecklos. Hier muß die reale Methode zugrunde gelegt werden. Denn während wir bei den ersten Feststellungen sozusagen ein Momentbild der Vermögens- und Einkommensbestände gewinnen wollen und dabei notwendigerweise die bilanzmäßigen, d. h. die Geldwertedaten, heranziehen müssen, wollen wir umgekehrt bei dem vierten und letzten Begriff durch den Geldschleier hindurchsehen und eine Vorstellung von der Kapazität, von der Leistungsfähigkeit eines Volkes im ganzen erhalten. Hier gilt es, eine Art Inventar auf lange Sicht über die wichtigsten Ertragsquellen eines Volkes aufzunehmen. Nur einzelne wichtige Symptome und Indizes können hier herangezogen werden: etwa die in einem Lande vorhandenen Bodenschätze, die Grundstücke nach ihren Bonitätsklassen, die Forsten und Viehbestände, die Bergwerke und Wasserkräfte usw. kurz die wichtigsten produktiven Kräfte einer Nation und ebenso beim nationalen Einkommen die im Durchschnitt längerer Zeiträume zu erwartenden Erträge und Einkünfte, nicht die zufälligen und vorübergehend einmaligen Ziffern. Aber auch die Arbeitslöhne, die Sparkasseneinlagen, die Sozialversicherungsleistungen können Fingerzeige für die Größe des Volkseinkommens geben. Nur um Symptome des Volksreichtums bzw. Volkseinkommens, nicht um Summenberechnung kann es sich handeln.

Auch bei dieser vorsichtigen Anwendung statistischer Methoden werden selbstverständlich immer noch schwere Mängel bestehen bleiben, z. B. wenn wir uns selbst bei dem Summenbegriff des Volksvermögens im ersten Sinne auf die statistische Erfassung der Geldwerte und Vermögensbestände beschränken, so kommen wir bestenfalls zu einem für einen bestimmten Zeitpunkt gültigen Resultate. Bereits die Vergleichung dieser so gewonnenen Vermögenssumme mit entsprechenden Summen späterer Jahre ist bedenklich. Man könnte einwenden, daß ja dieselben Fehlerquellen wie bei der ersten Berechnung auch bei den Berechnungen der folgenden Jahre wiederkommen, so daß dann mindestens die Vermögensverschiebung bzw. die Vermögensveränderung klar hervortreten müsse. Auch dies ist aber keineswegs der Fall. —

Dieser Vergleichsmöglichkeit stehen nämlich zwei Schwierigkeiten entgegen:

1. die Änderung des Geldwertes. — Jede Änderung des Geldwertes kann bewirken, daß der Vergleich zwischen dem Volksvermögen in verschiedenen Jahren unsicher wird. Kassel schätzt z. B. den Rückgang des Goldwerts gegenüber dem Vorkriegswert auf 70%.

2. Veränderungen infolge von Vorgängen der Wirtschafts- und Finanzpolitik. — Durch wirtschafts- und finanzpolitische Maßnahmen können ziffernmäßige Verminderungen bzw. Erhöhungen des Volksvermögens in die Erscheinung treten, ohne daß sich die Vermögenssubstanz selbst erhöht oder vermindert hat. Um nur ein Beispiel zu erwähnen, das in der Literatur bereits angeführt ist, welches typisch ist: Durch den Bülow-Tarif sind die Preise von Grundstücken, besonders des Großgrundbesitzes, stark in die Höhe gegangen. Dies würde sich also in einer Erhöhung der Summe des Volksvermögens zeigen, trotzdem doch diese Erhöhung lediglich die Folge dieser Zollpolitik ist, ohne daß irgendeine reale Erhöhung des Volksvermögens vorliegt.

Sind schon die Vergleichungen der Volksvermögenssummen zu verschiedenen Zeitpunkten innerhalb eines Volkes mit Schwierigkeiten verknüpft, so sind internationale Vergleichungen zwischen den Volksvermögens- und Volkseinkommenssummen in den verschiedenen

Ländern unmöglich und irreführend; denn die nationalen Verschiedenheiten bei den Vermögens- und Einkommensberechnungen, bzw. Steuererhebungen sind so große, daß jeder Vergleich dieser Art die größten Fehlerquellen aufweist.

So groß die Schwierigkeiten für eine ziffernmäßige Feststellung des Volksvermögens und Volkseinkommens selbst in dem engen Bezirk sind, den ich abgegrenzt habe, so kann diese Aufgabe wenigstens leidlich gelöst werden; aber hier müßte in der Beschränkung sich der Meister zeigen, und es müßte künftighin bei derartigen Berechnungen streng vermieden werden, ganz heterogene Dinge zusammenzuwerfen, wie etwa Festsetzungen auf Grund der personalen und der realen Methode, oder Angaben, die auf sicherem statistischem Material beruhen und daneben reine Fiktionen, so daß Vermögensobjekte ewigen Bestandes mit bestimmten Ziffern eingesetzt werden, was alles doch nur ein verzerrtes Bild geben kann. — Daher muß an die Vertreter der theoretischen Nationalökonomie die Mahnung ergehen, schon bei der Begriffsbildung von Volksvermögen und Volkseinkommen klar und scharf die verschiedenen Begriffsarten herauszuarbeiten, und die Mahnung an die Statistiker, lieber eine kleine scharf umgrenzte aber lösbare Aufgabe vorzunehmen, als sich an Lösungen heranzumachen, die unmöglich sind.

Das Resultat, zu dem ich komme, ist an sich kein sehr erfreuliches; denn das Fazit muß gezogen werden, daß wir zu einer statistischen Feststellung von Volksvermögen und Volkseinkommen nur insoweit kommen, als es sich um verhältnismäßig unwichtige und unbedeutende Dinge handelt, nicht mehr als um summenmäßige Feststellungen aus bereits bekannten Daten, daß wir aber gerade da, wo die interessantesten und für den Nationalökonomen bedeutungsvollsten Fragen mit dem Volksvermögen und Volkseinkommen zusammenhängen, uns einen derartigen Summenbegriff nicht leisten können, denn die wichtigsten ökonomischen Probleme handeln vom Volksvermögen im vierten Sinne.

Die anfangs von mir erwähnten Probleme der Leistungsfähigkeit eines Volkes, der gesamten ökonomischen Kapazität, sind überhaupt nicht ziffernmäßig meßbar. Im Hinblick also auf die Feststellung des Volksvermögens etwa in bezug auf die Frage, wie weit wir eine wirtschaftliche Autarkie durchführen können, ferner wie wir im Hinblick auf die Konjunkturenentwicklung den Vermögens- bzw. Einkommensbestand des Volkes eintaxieren wollen, kurz, für alle diese auf lange

Sicht berechneten volkswirtschaftlichen Erwägungen müssen wir uns bestenfalls mit einer Inventurübersicht begnügen. Wenn wir aber diese Forschungen weiter treiben wollen, muß auch die Statistik nach einer Richtung ausgebaut werden, die heute noch stark vernachlässigt ist, nämlich nach der Produktionsseite hin. Die Produktions- und Ertragsstatistik bedarf einer Erweiterung, denn dorther können wir gerade die Daten gewinnen, die für das, was wir wissen wollen, so wichtig sind: die dauernde Vermögens- und Ertragsfähigkeit eines Volkes und nicht die zeitweiligen und ziffernmäßigen Geldwertdaten, die diesen gegenüber von untergeordneter Bedeutung sind. — Also erst wenn wir die wirklich statistisch zu ermittelnde Summe des Volkseinkommens und ebenso auch des Volksvermögens ergänzen und erweitern durch eine Reihe symptomatischer Betrachtungen und Angaben über eine Reihe von wirtschaftlichen Erscheinungen, die ziffernmäßig nicht feststellbar sind und auch nicht festgestellt werden können, die aber für das volkswirtschaftlich Wesentliche viel bedeutungsvoller sind, können wir die nationalökonomischen Betrachtungen über Volksvermögen und Volkseinkommen in einer Weise vertiefen, daß sie zu wirklich brauchbaren Schlüssen und Ergebnissen führt[1].

Und nun zu einigen kritischen Bemerkungen zu den uns vorliegenden Gutachten.

Wenn ich auch selbst in meinen Ausführungen auf die Vielgestaltigkeit und Vieldeutigkeit der Begriffe Volksvermögen und Volkseinkommen hingewiesen habe, möchte ich doch nicht soweit gehen wie Amonn, der diesen Begriffen jeden theoretischen Erkenntniswert abspricht. Er meint, sie seien nur „veranschaulichende" Begriffe, weil es keine einheitliche volkswirtschaftliche Verfügungsgewalt gäbe. Das theoretische Erkenntnisinteresse sei nur auf Tauschwertbeziehungen und nicht auf Tauschwertgesamtheiten gerichtet. Das theoretisch Wesent-

---

[1] In Übereinstimmung damit sagt Schuster: „Da man das Einkommen — als Zusammenfassung von Lohn und Reinertrag in einem Zweckmäßigkeitsbegriff — nicht als solches erfaßt, sondern verschiedene Dinge außerdem noch in diesen Begriff miterfaßt werden, deshalb ist das Ergebnis vieldeutig. Weil aber das Ergebnis vieldeutig ist, deshalb haben wir hier nur ein Instrument, das in Verbindung mit vielen anderen brauchbar wird. Es ist aber nicht allein und überhaupt vielleicht nicht die Ungenauigkeit und die Vieldeutigkeit der Volkseinkommensermittlungen, die dazu zwingt, ergänzende Beobachtungen vorzunehmen, und es handelt sich bei diesen Kontrollen überhaupt nicht so sehr um die Berichtigung des Volkseinkommens, sondern die Notwendigkeit zum Mißtrauen der Ermittlung des Volkseinkommens gegenüber liegt in der Erkenntnis der rein symptomatischen Bedeutung dieser Ermittlungen" (a. a. S. 114/15).

liche läge in den gegenseitigen Beziehungen der verschiedenen Tauschwerte (S. 23). — Diese Meinung entspricht einer bei unseren Theoretikern öfters vorkommenden Auffassung, als ob die Probleme der theoretischen Ökonomie nur mit den Tauschbeziehungen, nur mit den Fragen des Preises und denen der Verteilung der Güter zu tun hätten. Ich bin der Meinung, wie ich das des Näheren im zweiten Bande meiner theoretischen Nationalökonomie ausgeführt habe, daß auch die Phänomene der Produktion — und dazu gehört auch eine Zusammenfassung der wirtschaftlichen Produktivkräfte, wie ich sie als eine Variante des Volksvermögensbegriffs auffasse — in das Interessengebiet der theoretischen Nationalökonomie gehört. — Auch darin weiche ich von Amonn ab, daß ich das Einkommen nicht wie er als eine Gütermenge auffasse, die ein Wirtschaftssubjekt durch seine Beteiligung am Wirtschaftsprozeß als Gütererwerbsprozeß gewinnt. —

Schuster vertritt eine ähnliche Auffassung, indem er Einkommen als die einem Menschen aus der Anteilnahme am wirtschaftlichen Prozeß zufließende Kaufkraft bezeichnet (S. 57), und er sagt auch direkt, daß die Bestimmung des Einkommens zusammenhänge mit der Bestimmung desjenigen, was produktiv sei (S. 59). Auch Colm steht dieser Auffassung nahe, wenn er das Einkommen als Verfügung über den Produktionsertrag bezeichnet. — Würde man diese Auffassung billigen, so könnte man die Einkommen der Beamten nicht als Einkommen betrachten, da sie nicht durch Beteiligung am Wirtschaftsprozeß entstehen. Mir scheint überhaupt das heikle Problem: wer und was ist produktiv? beim Einkommensbegriff nicht heranzuziehen zu sein. — Wenn Schuster die Bedeutung des Begriffes Volkseinkommen sehr gering einschätzt (S. 81f.), so gibt er dafür eine Begründung, der ich durchaus zustimmen kann. Denn, meint er, ein Begriff verdiene nicht mehr Arbeit, als er anerkannterweise leiste, und diese Leistung sei im Falle des Volkseinkommensbegriffes sehr gering. Sehr richtig bemerkt er auch, daß es sich lediglich um eine Summenbildung als Hilfsmittel zu weiteren Erkenntnissen handeln kann (S. 86). Gerade deshalb scheint mir aber, daß wir neben diesen ziemlich unfruchtbaren Begriff des Volkseinkommens noch den Begriff des Nationaleinkommens im Sinne der nationalen Ertragsfähigkeit aufstellen müssen. — Zutreffend sagt auch Schuster, daß im Grunde genommen bei der Klärung des Wesens des Volkseinkommens wir nach dem Wesen des Volksreichtums fragen. In seinem neuen Werke „Das Einkommen“ spricht Schuster vom Volkseinkommen als Inbegriff der Individualeinkommen (S. 106).

Mit Weyermann bin ich darin einig, daß solche Gegenstände wie Pflichttreue der Beamtenschaft, Opferfreudigkeit der Bevölkerung usw. nicht in den Begriff des wirtschaftlichen Volksvermögens gehören (S. 106). Auch ich will außerwirtschaftliche Güter ausschließen, aber wird wirklich, wie Weyermann meint, das Wirtschaftsgut dadurch dokumentiert, daß es einen in Geld bezifferten Geldwertausdruck haben muß? (S. 111.) Und kann man nur vermittelst des Marktpreises Komplexe verschiedenartigster Wirtschaftsgüter als ein einheitliches Ganzes denken? Gewiß, für die Begriffe 1—3 habe ich dasselbe behauptet. Daneben gibt es aber noch den vierten Begriff, der gerade solche marktpreismäßige Fixierung nicht zuläßt. Deshalb erscheint mir die von Weyermann gegebene Erklärung des Volksvermögens als einer Verkehrswertsumme von Wirtschaftsgütern zu eng. Auch in seinen früheren Arbeiten hatte W. bereits diesen Standpunkt vertreten, so z. B. wenn er in einer Replik gegen Eggenschwyler „den ausschließlich logischen Anspruch auf den Namen Volksvermögen der Summe der Einzelvermögen“ vindiziert[1], und in der Abhandlung „Sozialökonomische Begriffsentwicklung des Vermögens und Volksvermögens“ in Conrads Jahrbüchern[2] meint er, daß der allgemeine sozialökonomische Vermögensbegriff in dem engen Sinne eines bestimmten Güterkomplexes einmal festgelegt sei. — Gewiß soll der bilanzmäßige Vermögensbegriff nicht mit dem Wohlstands- oder Volkskraftbegriff vermengt werden, aber der letztere Begriff hat dennoch seine Berechtigung in der theoretischen Ökonomie.

Während Zizek die Schwierigkeiten, die bei der statistischen Erfassung von Volksvermögen und Volkseinkommen sich ergeben, hervorhebt, aber trotzdem das Bemühen für derartige Berechnungen nicht für aussichtslos hält, schätzt Colm die auch von mir betonten Schwierigkeiten dieser statistischen Erfassung so hoch ein, daß er nur den Begriff des Volkseinkommens gelten lassen will (S. 25); dagegen hebt er wieder die relative Bedeutung des Begriffes des Gesamtkapitals hervor und ganz in Übereinstimmung mit meinen Ausführungen die Wichtigkeit, ein Inventar der Naturschätze und Produk-

[1] Zeitschrift „Schweizerische Statistik und Volkswirtschaft“. 52. Jahrgang, 4. Heft 1916. S. 325.

[2] 107. Band, III. Folge 1916/II. S. 187.

tionsmittel eines Landes aufzustellen. Im Gegensatz zu Colm halte ich aber trotz aller Schwierigkeiten und Fehlerquellen eine Berechnung des Volksvermögens für bestimmte finanz- und steuerpolitische Zwecke für unentbehrlich.

Während Colm den Begriff des Volkseinkommens ablehnt, hält umgekehrt Julius Hirsch gerade diesen Begriff des Volkseinkommens für höchst bedenklich. In seinen lesenswerten Ausführungen über das deutsche Volkseinkommen im Heimatdienst (abgedruckt in der Deutschen Bergwerkszeitung, Nr. 103, vom 4. 5. 1926) übt er eine gute Kritik an den vom Reichsverband der deutschen Industrie und vom allgemeinen deutschen Gewerkschaftsbund vorgenommenen Berechnungen des Volkseinkommens. Wegen dieser vielen Fehlerquellen meint er — und in diesen Ausführungen ist er in Übereinstimmung mit dem, was ich über den vierten Begriff des Nationaleinkommens gesagt habe —, daß es richtiger sei, nicht von Volkseinkommen, sondern von Volksproduktion zu sprechen, also den Ertrag einer Volkswirtschaft an erzeugten Gütern solchen Erörterungen zugrunde zu legen.

Auf das sehr Problematische und vielfach nur roh Schätzungsmäßige aller Berechnungen des Volksvermögens weist auch der Verfasser der Abhandlung „Exkurs zum Problem der Berechnung des Volkseinkommens" (in den Vierteljahresheften der Konjunkturforschung, Berlin 1920, 1. Jahrgang, Heft 1) hin. Er kommt zu einer Schätzung des deutschen Volkseinkommens von 50—55 Milliarden, während der Reichsverband der deutschen Industrie 42—48 Milliarden, der Allgemeine Deutsche Gewerkschaftsbund 52—60 Milliarden geschätzt hatte.

Zum Schluß möchte ich noch auf das vor ganz kurzem erschienene Buch von Dr. Erich Rogowski „Das deutsche Volkseinkommen" (Berlin 1926) hinweisen. Dieser Autor hält die Schwierigkeiten der Berechnung des Volksvermögens, soweit es sich um Konsumvermögen handelt, für so groß, daß er das Objekt der Untersuchung des Volksvermögens auf den Teil, der privatwirtschaftlichen Erwerbszwecken gewidmet ist, also auf das Volkskapital, beschränken möchte. Auch er steht auf dem von mir bereits zurückgewiesenen Standpunkte, daß der Nationalökonom bei seiner Begriffsbildung sich nach der statistischen Verwertungsmöglichkeit des Begriffes richten müsse. Er weist nämlich einen bestimmten Einkommensbegriff als untauglich für die Zwecke des Nationalökonomen zurück, „weil ein so gefaßtes Volkseinkommen einer summierenden statistischen Erfassung nicht mehr zugänglich sei".

Ich möchte gern die Diskussion auch auf diesen Punkt lenken, ob es wirklich die Auffassung der hier anwesenden Statistiker und Nationalökonomen ist, daß die volkswirtschaftliche Begriffsbildung in so enger Abhängigkeit von der statistischen Verwendbarkeit der Begriffe sich befinden müsse, und damit eröffne ich die Diskussion, zu der ich bitte, das Wort zu ergreifen.

Die Begriffe „Volkseinkommen" und „Volksvermögen" und ihre Bedeutung für die Volkswirtschaftslehre.

Von

Alfred Amonn, Prag.

Das Wort „Einkommen" wird in einem verschiedenen Sinne gebraucht. Man hat, wenn man von „Einkommen" spricht, vor allem die Gütermenge im Auge, die ein Wirtschaftssubjekt durch seine Beteiligung am Wirtschaftsprozeß als Gütererwerbsprozeß „gewinnt", die ihm also als Überschuß, nach Ersatz der im Erwerbsprozeß aufgewendeten, als „Kapital" betrachteten Gütermenge, zur freien Verfügung — ohne den Wirtschaftsprozeß zu beeinträchtigen, seine Fortführung im bestehenden Umfange zu gefährden — verbleibt. Man nennt diese „Realeinkommen". Es kann der Konsumtion oder erweiterter Produktion dienen. Es kann daher sowohl aus Konsumgütern wie aus Produktionsmitteln bestehen. Wesentlich ist nur, daß es neue Güter sind, einen Güterzuwachs darstellt. Aber nicht jeder Güterzuwachs bedeutet „Einkommen", sondern nur der aus direkter oder indirekter Beteiligung am Wirtschaftsprozeß als Gütererwerbsprozeß fließende Güterzuwachs. Wenn man aus außerwirtschaftlichen Gründen zufließende Gütermengen, wie Geschenke, Erbschaften, Glücksgewinne usw. in den Begriff des „Einkommens" miteinbeziehen wollte, so wäre er kein wirtschaftlicher Begriff mehr. Dagegen ist das Merkmal der Regelmäßigkeit der Wiederkehr eines derartigen Güterzuflusses oder die Beständigkeit der Quelle, aus der er hervorgeht, nicht von wesentlicher Bedeutung. Die Einkommensbildung ist in der Regel eine regelmäßige, aber sie kann auch eine ganz unregelmäßige sein, die Quellen, aus denen es fließt, sind in der Regel dauernde, beständige, aber es ist ebensogut möglich, daß sich ad hoc eine Einkommensquelle eröffnet und wieder verschwindet. Zu diesem „Realeinkommen" gehören natürlich nicht nur Sachgüter, sondern auch Nutzungen von Sachen und persönliche Dienstleistungen, in der Tauschwirtschaft auch realisierbare Forderungsrechte, kurz alles, worüber wirtschaftlich verfügt werden kann. Ein Haus kann zum Einkommen des Erwerbers gehören — wenn es einen neuen Güterzufluß und nicht bloß eine Güterauswechslung bedeutet — und die Nutzungen des Hauses gehören zum Einkommen anderer, wenn er sie nicht selbst in Anspruch nimmt.

Dieses Realeinkommen ist aber eine völlig unhomogene Größe. Das Realeinkommen eines Wirtschaftssubjektes läßt sich mit dem eines anderen nicht unmittelbar vergleichen, da beide ja aus ganz verschiedenen Mengenkombinationen ganz verschiedenartiger Güter bestehen können, ebensowenig läßt sich das Realeinkommen eines und desselben Wirtschaftssubjektes zu verschiedenen Zeiten vergleichen, da nicht nur ein einfaches Wachstum der zufließenden Gütermengen, sondern eine vollständige Verschiebung in der Zusammensetzung des Einkommens eintreten kann. Man kann verschiedene Einkommen bzw. die Einkommen verschiedener Wirtschaftssubjekte und Einkommen zu verschiedenen Zeiten nur dem Werte nach vergleichen. Dabei kann der Nutzwert oder der Tauschwert in Betracht kommen. Eine Vergleichung des Nutzwertes verschiedener Einkommen ist auch dann möglich, wenn diese Kombinationen verschiedenartiger Güter vorstellen, jedoch im allgemeinen nur dann, wenn diese verschiedenartigen Güter gleichartigen Bedürfnissen dienen und sich nur durch die Vollkommenheit unterscheiden, mit der sie die Bedürfnisse zu befriedigen geeignet sind, z. B. die verschiedenartigen künstlichen Lichtquellen, die verschiedenen Transportmittel u. dgl. Abgesehen davon ist der Nutzwert rein individuell-subjektiv, und es kann zwar der Nutzwert verschiedener Einkommen ein und derselben Person zu verschiedenen Zeiten, aber nicht der Nutzwert der Einkommen verschiedener Personen miteinander verglichen werden. Jene Vergleichsmöglichkeit ist jedoch immerhin von Bedeutung für ein Urteil über die Entwicklung der Wirtschaft in der Zeit.

Eine vollkommene und sogar quantitativ meßbare Vergleichsmöglichkeit ist gegeben hinsichtlich des Tauschwertes der Einkommen. Der Tauschwert bildet einen einheitlichen, homogenen Größenausdruck für das Gesamteinkommen. Man versteht daher ebenso häufig, wenn man von „Einkommen" spricht, nicht die reale Gütermenge, die es darstellt, sondern diesen Größenausdruck, den Tauschwert dieser Gütermenge. Dieser wird in Geld ausgedrückt, und insofern stellt sich das „Einkommen" dann als eine bestimmte Geldsumme dar. Man nennt dies gewöhnlich „Nominaleinkommen". Jedoch ist dies nicht zu verwechseln mit dem nominellen Geldbetrag, den das Einkommen darstellt, in dem seine Größe ausgedrückt wird, der Zahl der Geldeinheiten, die eine rein nominelle Größe ohne wirtschaftlich-sachlichen Inhalt ist. Unter „Nominaleinkommen" ist vielmehr immer eine wirtschaftliche Wertgröße, die Tauschwertgröße der das Realeinkommen bildenden Gütermenge gemeint.

Dem Tauschwerte nach sind alle Einkommen miteinander vergleichbar und quantitativ meßbar. Sie stellen aber allerdings nur relative Größen, Beziehungsgrößen aufeinander dar. Sie enthalten nichts von der „Substanz" der Wirtschaft, dem absoluten Nutzen. Um vergleichbar und meßbar zu sein, müssen sie aber in gleichen Tauschwerteinheiten ausgedrückt sein. Eine solche kann irgendein Glied des Tauschmechanismus bilden, entweder ein reales Gut oder auch eine bloß nominale Geldeinheit, sofern sie wirklich Glied des Tauschverkehres ist und infolgedessen einen Tauschwert darstellt, gewöhnlich wird das allgemeine Tauschgut Gold dazu verwendet. Die Tauschwerteinheit, zum Beispiel eine bestimmte Goldmenge oder eine bestimmte nominelle Geldeinheit bedeutet also ein bestimmtes Austauschverhältnis zwischen dieser Einheit und den anderen tauschbaren Dingen, und das in dieser Tauschwerteinheit ausgedrückte Einkommen bedeutet ein bestimmtes Vielfaches dieses Austauschverhältnisses, das heißt, wieviel mal man diese Dinge kaufen kann, man kann auch sagen eine bestimmte Kaufkraft. Nicht die technische Einheit ist das Maß, nicht die Goldmenge, und nicht eine rein nominelle Zahlengröße, sondern ein Verhältnis zwischen diesen und den tauschbaren Dingen.

Die gleiche Betrachtung kann man auf den Begriff des Volkseinkommens anwenden. Dabei kann man das Volkseinkommen entweder vom Standpunkt der ganzen Volkswirtschaft aus betrachten oder vom Standpunkt der die Volkswirtschaft bildenden Glieder, Gliedwirtschaften, der zu ihr gehörigen Einzelwirtschaften. Das Ergebnis muß dasselbe sein. Denn das Volkseinkommen „verteilt" sich auf die die Volkswirtschaft bildenden Glieder als deren Privateinkommen, oder die Summe der Einzeleinkommen der Glieder der Volkswirtschaft bildet die Gesamtheit des Volkseinkommens. Das sind aber nur veranschaulichende Vorstellungen, nicht Realitäten. In Wahrheit findet weder eine Verteilung eines irgendwie einheitlichen Ganzen, noch eine Summierung von Teilen zu einem Ganzen statt. In der individualistischen Wirtschaft gibt es nur Einzeleinkommen der Glieder der Volkswirtschaft. Die Volkswirtschaft ist selber nur ein veranschaulichender Begriff, keine Realität und hat als solche kein Einkommen.

Wenn man von dem veranschaulichenden Begriff der Volkswirtschaft als Ganzem ausgeht, so stellt sich das Volkseinkommen als Realeinkommen dar, als die Gesamtheit der Güter, und zwar wieder Sachgüter, Nutzungen, Dienstleistungen und realisierbare Forderungsrechte, die im Gesamtwirtschaftsprozeß des Volkes, d. h. der Volksglieder als Gütererwerbsprozeß zum vorhandenen Vorrat hinzugewonnen werden, also die Gesamtheit der Güter, die von den Gliedern, der Volkswirtschaft erworben werden nach Abzug jener, die nur den Ersatz der im Erwerbsprozeß aufgewendeten, als Kapital betrachteten Güter bilden. Das Volkseinkommen ist nicht identisch mit dem „Nationalprodukt", auch nicht identisch mit dem Nationalprodukt abzüglich der ausgeführten und zuzüglich der eingeführten Güter. Das Nationalprodukt, das Reinerträgnis der Produktion im engeren Sinne kann auf der Verwendung von fremdem Kapital beruhen, für die ein Teil des Produktes als Zins ans Ausland gezahlt werden muß, ohne daß er aber notwendig ins Ausland überführt wird, und umgekehrt können Forderungsrechte an das Ausland bestehen, für welche eine Gütermenge als Zins empfangen wird, ohne daß diese wieder notwendig tatsächlich ins Inland kommt. Andererseits können Güter aus dem Auslande ins Inland kommen auf Grund von Krediten und ebenso Güter aus dem Inlande ins Ausland gehen auf Grund von Krediten. Jene Gütereingänge vermehren nicht, diese Güterausgänge vermindern nicht das Volkseinkommen, im zweiten Falle treten aber an Stelle dieses Teils des Nationalprodukts Forderungsrechte an das Ausland als Bestandteil des Volkseinkommens. Das Volkseinkommen wird durch die Gesamtheit der im Wirtschaftsprozeß eines Volkes neu gewonnenen Güter gebildet, gleichgültig, ob diese im Inland bleiben oder ins Ausland gehen, im Inland gewonnen werden oder aus dem Ausland kommen.

Auch zwischen dem Volkseinkommen verschiedener Länder und dem Volkseinkommen eines und desselben Landes zu verschiedenen Zeiten gibt es keine unmittelbare Vergleichsmöglichkeit in bezug auf das Realeinkommen, sondern nur in bezug auf den Wert und eine vollkommene nur in bezug auf den Tauschwert. Das Volkseinkommen als Tauschwertgröße stellt sich dar als der Geldwert jener Gesamtheit von neu gewonnenen Gütern, Sachgütern, Nutzungen, Dienstleistungen und Forderungen. Zur Vergleichung der Volkseinkommen verschiedener Länder und des Volkseinkommens eines Landes zu verschiedenen Zeiten muß der Tauschwert des Realeinkommens in einer gleichen Geldeinheit als Tauschwerteinheit ausgedrückt werden. Da es nun aber eine sich im Laufe der Zeit gleichbleibende Tauschwerteinheit nicht gibt, so können nur die Volkseinkommen verschiedener Völker zur selben Zeit unmittelbar durch eine Geldeinheit (Goldmenge) verglichen werden. Zum Vergleiche des Volkseinkommens in verschiedenen Zeiten muß eine gleiche Tauschwerteinheit erst geschaffen werden. Eine solche wird gewöhnlich gebildet durch die Verbindung der gleichen Geldeinheit (Goldmenge) mit einem Wertveränderungskoeffizienten, der durch eine Indexberechnung gewonnen wird. Von der Genauigkeit dieses Wertveränderungskoeffizienten bzw. der Indexberechnung hängt die Genauigkeit des Vergleiches ab. Selbstverständlich hat nur ein per capita-Vergleich einen Sinn.

Unter „Volksvermögen" verstehen wir im Gegensatz zum Volkseinkommen die jeweils vorhandene Gesamtmenge von Gütern, über die die Glieder eines Volkes dauernd verfügen können, einschließlich der Forderungsrechte und abzüglich der Verpflichtungen, die sie an das Ausland haben, bzw. den Tauschwert dieses Güter- und Forderungsbestandes abzüglich des Tauschwerts der Verpflichtungen. Zum Volksvermögen gehören natürlich auch Grund und Boden, aber nur insoweit er sich im Besitz von zur Volkswirtschaft gehörigen Gliedern befindet und insoweit auch im Ausland gelegener Grund und Boden. Nicht zum Volksvermögen können gehören Güternutzungen und Dienstleistungen, weil man über solche nicht dauernd verfügen kann, weil sie im Augenblick, in welchem sie entstehen, auch vergehen. Zum Volksvermögen können nur Nutzungsträger gehören. Nur solche können „vorhanden" sein. Auch eine Vergleichung des Volksvermögens zu verschiedenen Zeiten oder verschiedener Länder ist natürlich nur dem Tauschwerte nach möglich und setzt in gleicher Weise wie eine Vergleichung verschiedener Volkseinkommen eine gleiche Tauschwerteinheit, in der er ausgedrückt wird, voraus.

Unter „Volk" und „Volksglieder" sind hier natürlich nie staatlich oder national bestimmte Individuen und Gesamtheiten von Individuen zu verstehen, sondern die Gliedwirtschaften einer Volkswirtschaft, die sowohl Inländer wie Ausländer sein können.

Die Begriffe „Volkseinkommen" und „Volksvermögen" sind, wie gesagt, nur veranschaulichende Begriffe, sie sind, da es keine einheitliche volkswirtschaftliche Verfügungsgewalt gibt, nur Gesamtheiten, nicht Einheiten oder Ganzheiten. Sie haben daher auch keinen theoretischen Erkenntniswert. Das theoretische Erkenntnisinteresse ist auf die Tauschwertbeziehungen und nicht auf Tauschwertgesamtheiten gerichtet. Die Zusammenziehung aller Tauschwerte einer Volkswirtschaft zu einem einheitlichen Ausdruck hebt nämlich gerade das dem Tauschwertbegriff theoretisch Wesentliche, das in der gegenseitigen Beziehung der verschiedenen Tauschwerte liegt, auf. Wohl aber leisten die Begriffe „Volkseinkommen“ und „Volksvermögen“ erhebliche Dienste zur Erkenntnis der konkreten Entwicklung der wirtschaftlichen und Wohlstandsverhältnisse der verschiedenen Völker oder Länder, also historischer Erkenntnis und ebenso zur Erkenntnis der Voraussetzungen der Lösung praktischer Probleme, wie Besteuerungsprobleme. Je nach der Art des zu erkennenden historischen Problems oder des zu lösenden praktischen Problems ist die Begriffsbestimmung und -umgrenzung dann natürlich Modifikationen unterworfen. Sie muß dann, um zweckmäßig zu sein, entweder erweitert oder verengert werden.

Grundsätzliche Bemerkungen zum Begriff des Volkseinkommens und des Volksvermögens.

Von

Gerhard Colm, Berlin.

Inhaltsverzeichnis.

A. Volkseinkommen.

1. Der Begriff des Volkseinkommens.

Das Wesen des Wirtschaftsprozesses besteht in der Versorgung einer sozialen Einheit. Alle ökonomische Theorie hat zu erklären, wie diese Versorgung etwa eines Volkes unter bestimmten Bedingungen zustande kommt. Der Versorgungsprozeß kann dabei von zwei Seiten her gesehen werden: einmal als Versorgungsaufwand, zum andern als Versorgungsergebnis oder mit anderen Worten als Produktion und als Konsum. Das Einkommen aber ist der Angelpunkt zwischen diesen beiden Seiten, in ihm kulminiert gleichsam der ganze Wirtschaftsprozeß. Wir definieren nämlich Einkommen ganz roh als die Verfügung über den Produktionsertrag, wobei dahingestellt bleibt, ob sich diese Verfügung in der Form des persönlichen Konsums oder der Ersparnis vollzieht; der Einkommensbegriff also stellt das Bindeglied dar zwischen der Ertragserzielung und der Ertragsverwendung. Der Begriff des Volkseinkommens steht damit im Brennpunkt aller Untersuchungen, die den marktwirtschaftlichen Gesamtprozeß zu erfassen suchen.

Die Definition des Einkommens als Verfügung über den Produktionsertrag setzt eine begriffliche Scheidung zwischen dieser Verfügung und dem Produktionsertrag selbst voraus. Diese Scheidung geht von der Annahme einer theoretisch reinen Trennung zwischen den Einheiten des Verbrauchs und der Produktion, zwischen dem Haushalt und der Erwerbswirtschaft aus. Diejenigen Wirtschaftseinheiten, in denen praktisch beides ineinander verflochten ist, sind insofern Erwerbswirtschaft, als sie Ertrag bilden, und insofern Haushalt, als sie über den Ertrag verfügen.

Der Ertrag stellt also den Fonds für die Einkommensbildung dar. Er ist gleich dem Erlös (bzw. Umsatz) nach Abzug des Entgelts für Leistungen der Erwerbswirtschaften untereinander, enthält also, von der Erwerbswirtschaft her gesehen, den Gewinn und einen Teil der Kosten (vor allem Arbeitsentgelt und Zinsen). Wenn Einkommen somit als der Übergang von Gütern und Leistungen aus der Produktionssphäre in die Verteilungssphäre bestimmt wird, so folgt hieraus, daß man nur vom Einkommen der Verbrauchs- bzw. Verteilungseinheiten, also der Haushaltungen usw. sprechen kann. Produktionseinheiten, Erwerbswirtschaften[1] haben hingegen nicht Einkommen, sondern Ertrag.

Dieser Versuch einer volkswirtschaftlichen Begriffsbestimmung stimmt nicht überein mit den Fassungen, die sich vorwiegend unter dem Einfluß der steuerlichen Praxis gebildet haben. Für den steuerlichen Einkommensbegriff ist es besonders wichtig, eine Anlehnung an die Vorstellungen der kaufmännischen Buchführung zu gewinnen, um eine an Hand der Geschäftsbücher nachprüfbare Einkommensdeklaration zu erhalten. Unter den mannigfaltigen Versuchen, eine Begriffsbestimmung in Anlehnung an Vorstellungen der kaufmännischen Buchführung zu geben, sind zwei Arten[2] zu unterscheiden, je nachdem, ob den Bestands-, ob den Erfolgkonten das Hauptgewicht beigelegt wird. Im ersteren Falle wird das Einkommen als der Überschuß der Vermögensbilanz am Ende einer Periode über den Stand der Vermögensbilanz am Anfang der Periode zuzüglich der inzwischen erfolgten Abhebungen bezeichnet. Im zweiten Falle wird das Einkommen bestimmt als Erlös abzüglich aller Kosten und Unkosten. Die Bestimmung des Einkommens nach diesen beiden Verfahren geht von Begriffen der Buchführung aus, wie sie den Vorstellungen der Erwerbswirtschaft entnommen sind. Wir suchten Einkommen grundsätzlich als Einkommen der Verbrauchswirtschaft aufzufassen, während diese steuerliche Begriffsfassung gerade umgekehrt vom Einkommen als Einkommen einer Erwerbswirtschaft ausgeht und diese Vorstellung dann auf die Verbrauchswirtschaft überträgt.

2. Roheinkommen und Reineinkommen.

Auf die Bestimmung des Einkommens mit Hilfe zweier Vermögensbilanzen wird noch im nächsten Abschnitt zurückzukommen sein, wenn die Beziehungen zwischen Einkommen und Vermögen besprochen werden. Hier soll dagegen die Bedeutung der sich nach der zweiten Methode ergebenden Unterscheidung von Roheinkommen und Reineinkommen

[1] Von den anderen Arten der Produktionseinheiten, z. B. den „Anstalten", wird hier und im folgenden abgesehen, da die ganze Untersuchung die Verhältnisse der reinen Marktwirtschaft zugrunde legt.

[2] Vgl. Popitz, Artikel „Einkommenssteuer" im Hdwbch. d. St., 4. Auflage, 3. Band, S. 400ff., wo auch die einschlägige Literatur angeführt wird.

untersucht werden. Unter dem Roheinkommen wird das Einkommen verstanden, in dem noch gewisse Kosten enthalten sind. Grundsätzlich müßte sich nach unserer obigen Begriffsbestimmung die Scheidung in Roh- und Reineinkommen erübrigen, da wir die Produktionssphäre, in der allein Kosten entstehen, von der Einkommenssphäre überhaupt zu scheiden suchten.

Praktisch ergeben sich jedoch Schwierigkeiten beim Arbeiten mit unserem Einkommensbegriff, da die oben gemachte Voraussetzung nicht überall erfüllt ist. Erwerbs- und Verbrauchswirtschaft sind nicht immer völlig getrennt. Wenn z. B. ein Angehöriger der freien Berufe seine Ausgaben für Papier, Bücher, Arbeitsräume usw. oder ein Landwirt seine gesamten Produktionskosten nicht von den Ausgaben für seine Lebensbedürfnisse trennt, sondern beides aus einer Tasche bezahlt, so bilden in diesem Falle wie auch in vielen anderen Erwerbswirtschaft und Haushalt tatsächlich eine wirtschaftliche Einheit. Diese Schwierigkeit ist aber kein Einwand gegen die Definition, die die reinen Verhältnisse eines theoretischen Systems, in diesem Falle der voll durchgebildeten Marktwirtschaft, zugrunde legen muß. Für dieses System, das auf der Ertragsrechnung fußt, ist eine Trennung von Ertragswirtschaft und Verbrauchswirtschaft als Voraussetzung anzunehmen. Im übrigen könnte die rechnerische Trennung beider Gebiete für die Volkseinkommensermittlung unschwer auch praktisch gelingen.

Schwieriger liegt es bei jenen Arten von Aufwand, die grundsätzlich auch bei völliger Durchführung dieser Trennung dem Haushalt verbleiben. Ein wichtiges Beispiel hierfür sind etwa die Ausgaben für die Fahrt von und zur Arbeitsstätte, für besondere Berufskleidung usw. Ja, man hat sogar den Aufwand für den Lebensunterhalt des Arbeiters als Werbungskosten bezeichnen wollen, was ganz konsequent ist, wenn man, wie es der steuerliche Einkommensbegriff tut, mit der Fiktion der Ertragswirtschaft auch an den Haushalt herantritt[3]. Es müssen zunächst die Fälle besonders behandelt werden, bei denen ein Erwerbstätiger die Verpflichtung zur Bestreitung eines gewissen Produktionsaufwandes übernommen hat (z. B. Anschaffung von Handwerkszeug, Bestreitung von Reisespesen usw.), dafür aber einen Zuschlag zum Lohn oder Gehalt oder eine besondere Aufwandsvergütung erhält. Als Einkommen kann in diesem Falle nur das Gehalt ohne die Ver-

---

[3] Vgl. W. Lotz, „Finanzwissenschaft", Tübingen 1917, S. 449.

gütung angesehen werden, da hier lediglich eine Verauslagung von Kosten der Erwerbswirtschaft vorliegt, die vom Produktionsertrag abgesetzt werden muß, und die nicht als Einkommen angesehen werden kann[4]. Wenn aber eine solche Verauslagung nicht stattfindet, halten wir einen Abzug von Werbungskosten zur statistischen Ermittlung des Gesamteinkommens nicht für gerechtfertigt. Schon rein begrifflich erhebt sich ein Widerspruch gegen solche Abzüge. Ein Unterschied zwischen Kostengütern und Verbrauchsgütern läßt sich nicht durch die naturale Beschaffenheit dieser Güter bestimmen. Dasselbe Gut kann in einem Falle Kostengut, im anderen Falle Verbrauchsgut sein. Der Unterschied liegt lediglich darin, daß die Kostengüter Aufwand einer Erwerbswirtschaft sind, während die Verbrauchsgüter in die Verfügung des Haushalts (der typischen Form der Verbrauchswirtschaft) übergehen. Wenn dies anerkannt wird, dann ist es widersinnig, zu sagen, daß man einen Teil der Güter, über die seitens der Verbrauchswirtschaft verfügt wird, nachträglich wieder vom Einkommen absetzt und dem Kostenaufwand der Erwerbswirtschaften zuzählt. Es kann auch nicht maßgeblich sein, daß hier ein zwangsläufiger Konsum vorliegt, da sich ein großer Teil des gesamten Verbrauchs zwangsläufig aus den gesellschaftlichen und ökonomischen Zusammenhängen ergibt. Übrigens ist gerade bei dem immer aufgeführten Beispiel der Fahrt zur Arbeitsstätte diese Zwangsläufigkeit nicht in allen Fällen notwendig gegeben, da — normale Wohnungsverhältnisse vorausgesetzt — der Aufwand für die Fahrt zur Arbeitsstätte von der Wohnungswahl abhängig ist und diese Ausgaben mehr oder weniger als Bestandteil des Wohnungsaufwandes angesehen werden können.

Sollten vom Einkommen alle Aufwendungen abgezogen werden, die zur „Reproduktion" der Arbeitsleistung erforderlich sind, so wäre es tatsächlich, wie oben schon erwähnt, ganz folgerichtig, den als Mindestmaß erforderlichen Lebensunterhalt als Werbungskosten abzusetzen. Die Auffassung des Haushaltes als einer Einheit „zur Reproduktion der Arbeitskraft" gerät aber in Konflikt mit dem ökonomischen Grundbegriff der Versorgung, auf dessen zahlenmäßige Bewertung der Ein-

[4] Umgekehrt verhält es sich, wenn die Erwerbswirtschaft mit einem Aufwand für den persönlichen Bedarf belastet wird, wenn z. B. ein Automobil für persönliche Zwecke eines Geschäftsinhabers über Unkostenkonto verbucht wird. Dieser rechnungsmäßige Kostenbestandteil ist als Einkommen anzusehen.

kommensbegriff letztlich abzielt. Der Unterhalt des Arbeiters ist im marktwirtschaftlichen System „Versorgung“ und nicht Produktionsaufwand einer „Quasi-Unternehmung zur Produktion von Arbeitskraft“.

Mit dieser Stellungnahme zum Begriff der Werbungskosten in diesem Sinne ist selbstverständlich nichts über das Recht oder Unrecht der Benützung dieses Begriffes im steuerlichen Sinne ausgesagt. Die steuerliche Berücksichtigung der Werbungskosten hat u. E. den guten Sinn einer Abstufung des steuerfreien Existenzminimums je nach den besonderen Erfordernissen der verschiedenen Berufszweige. Sie hat außerdem den Sinn, eine zahlenmäßige Trennung von Kostenaufwand und Verbrauchsaufwand da durchzuführen, wo die Trennung von Erwerbswirtschaft und Haushalt tatsächlich nicht durchgeführt ist. Im übrigen ist es auch für volkswirtschaftliche Überlegungen wichtig, das Einkommen zu gliedern nach dem Einkommen, das sich bei der jeweiligen Berufstätigkeit als Mindestmaß zur Erhaltung der Arbeitskraft ergibt, und dem darüber hinaus frei zur Verfügung stehenden Einkommen, so schwer statistisch diese Scheidung auch zu vollziehen ist. Vor allem ist beim Vergleich von Einkommen verschiedener Zeiten und verschiedener Völker zu untersuchen, ob die objektiven Bedingungen (Klima u. ä.), die für die Höhe des „Existenzminimums“ mitbestimmende Bedeutung haben, gleichartig sind.

3. Der Unterschied zwischen der Summe der Geldeinkommen und dem Volkseinkommen.

a) Die Gefahr der Doppelzählungen.

Bei allen Volkseinkommensberechnungen bleiben gewisse Geldeinkommen unberücksichtigt, weil ihre Addition als Doppelzählung angesehen wird. Die Entscheidung darüber, welche Einkommen addiert werden und welche unberücksichtigt bleiben, setzt voraus, daß ein Kriterium vorhanden ist, das an die einzelnen Geldeinkommen angelegt wird. Dem reinen Geldbezug an sich kann nicht angesehen werden, inwiefern seine Berücksichtigung eine Doppelzählung bedeutet oder nicht. Oben wurde das Einkommen bestimmt als der Übergang des Produktionsertrages in die Ertragsverwendung. Hiernach muß das Einkommen einem doppelten Kriterium genügen. Es muß einerseits die Beziehung zu der Verwendung, andererseits die Beziehung zur Produktion vorhanden sein. Man kann deswegen den Einkommensbegriff auch in zwei Komponenten zerlegen, erstens in den Gesamtbetrag des Versorgungseffektes, der für Verbrauch und Ersparnis, d. h. für zukünftige Versorgung zur Verfügung steht, und zweitens in die gesamte Produktionsleistung, d. h. den Versorgungsaufwand. Nach diesen Kriterien ist zu entscheiden, welche Geldeinkommen in die Rechnung eingehen dürfen. Die Addition des Geldeinkommens ist nicht Selbstzweck, sondern sie wird nur angewandt, soweit damit eine ziffernmäßige Erfassung des mit dem Einkommensbegriff gemeinten Versorgungseffekts oder Versorgungsaufwandes erreicht wird. Ein Almosen etwa ist weder für den Empfänger Einkommen auf Grund einer Leistung, noch dient es dem Geber dazu, sich ein Verbrauchsgut oder eine Leistung anzueignen bzw. dienstbar zu machen. Alle Einkommensverschiebungen, wie sie durch die private Wohltätigkeit oder durch öffentliche Maßnahmen entstehen, führen bei Addition der Geldeinkommen zu Doppelzählungen. Die öffentlichen Maßnahmen, um die es sich hier vornehmlich handelt, bestehen in der Gewährung von Unterstützungen u. ä., sowie in der Verzinsung von Staatsanleihen, die zur Deckung eines Budgetdefizits aufgenommen sind. Denn die Zinsen dieser Staatsanleihen werden nicht unmittelbar aus Erträgen gezahlt, wie es bei privaten Anleihen und „produktiven" öffentlichen Anleihen der Fall ist, sondern sie werden aus dem Steueraufkommen, d. h. aus Einkommen verzinst, das bereits an anderer Stelle in der Berechnung erscheinen muß[5].

b) Das Problem des „Vermögensverzehrs".

Eine bedeutsame Schwierigkeit entsteht dadurch, daß sich die beiden Komponenten, in die wir den Einkommensbegriff zerlegt haben, nicht immer decken. Versorgungsaufwand und Versorgungseffekt können

---

[5] Vgl. hierzu Pigou, The Economics of Welfare. 2. ed. London 1924, S. 41 und 717, Stamp, Wealth and taxable capacity. London 1922, S. 53 f., und The Inter-Ally Debts and the United States, National Industrial Conference Board, New York 1925, S. 88. Es ist auffallend, daß in der jährlich vom „Economist" (Layton) veröffentlichten Schätzung des englischen Volkseinkommens die Kriegspensionen und Zinsen der Kriegsschuld ausdrücklich als Einkommensbestandteile zum übrigen Einkommen hinzugezählt werden. Nur wenn bestimmte Steuern (z. B. Ertragssteuern) in der Volkseinkommensberechnung nicht berücksichtigt sind, könnte die Einbeziehung dieser Posten allenfalls als Ausgleich gerechtfertigt werden.

wenigstens zeitweilig voneinander abweichen. Es können Verbrauch und Investitition auch aus anderen Quellen als dem jeweiligen Produktionsertrag stammen. Hier erhebt sich das Problem des sogenannten „Vermögensverzehrs“, d. h. der Bildung von Einkommen zu Lasten des Vermögens.

Hierbei sind zwei ganz verschiedene Arten von „Vermögensverzehr“ zu unterscheiden. Die eine entsteht durch den „Raubbau“ an Naturschätzen, Produktionsmitteln und Warenvorräten, d. h. durch Inanspruchnahme von Sachgütern, für die kein entsprechender Ersatz durch Neuerschließung von Naturschätzen, durch betriebliche Neuanlagen oder durch Wiederauffüllung anderer Warenvorräte geschaffen wird. Diese Art von Vermögensverzehr ist völlig unabhängig von allen nationalen Grenzen; sie bedeutet — wenn der Ausdruck erlaubt ist —, nicht nur eine Verminderung des Volks-, sondern des „Weltvermögens“. Eine zweite, völlig andere Art von „Vermögensverzehr“ ist bedingt durch die Einbeziehung von nationalen Grenzen in die Überlegungen. Auch innerhalb des Landes findet scheinbar ein fortgesetzter Vermögensverzehr statt, wenn jemand zur Fristung seines Lebens Vermögensgegenstände, z. B. Aktien, verkauft. Dies ist jedoch kein Vermögensverzehr im Sinne einer solchen Berechnung des Volkseinkommens, weil dem individuellen Vermögensverzehr des einen eine Vermögensbildung des anderen gegenübersteht und nur ein Besitzwechsel eintritt. Wenn aber dieser „andere“ ein Angehöriger des Auslandes ist, wenn also jemand zur Fristung seines Lebens etwa Aktien an das Ausland verkauft, so findet der Vermögens*verzehr* im Inlande, die Vermögens*bildung* (Ersparnis) jedoch im Auslande statt. Für das Volkseinkommen des betreffenden Landes liegt also ein Vermögensverzehr tatsächlich vor. In all diesen Fällen ist aber zu überlegen, ob die Vermögensveräußerung tatsächlich zugunsten einer unmittelbaren Konsumsteigerung vorgenommen wurde und nicht etwa zur Ermöglichung einer anderweitigen Investition (z. B. zur Anlage in Betriebsmitteln, zum Kauf anderer Aktien usw.) diente.

In den meisten Abgrenzungen des Volkseinkommensbegriffes wird die Berücksichtigung des Zu- oder Abganges vom Vermögen ausdrücklich gefordert. Ja, oben wurde erwähnt, daß ein Teil der Begriffsbestimmungen aus der steuerrechtlichen Literatur die Einkommensabgrenzung geradezu auf dem Vergleich von Vermögensbilanzen aufbauen will. Wenn auf diese Weise das Volksvermögen mit in die Berechnung eingeführt wird, so ergeben sich Schwierigkeiten, mit denen man die Volkseinkommensberechnungen möglichst nicht belasten sollte.

Es ist zunächst unrichtig, alle Vermögensänderungen in der Volkseinkommensberechnung zu berücksichtigen, wie es geschieht, wenn die Differenz zwischen Anfangs- und Endbestand der Vermögensaufstellung als Zuschlag bzw. Abzug bei der Volkseinkommensberechnung eingesetzt wird. So würden sich bei einer Gegenüberstellung von Vermögensanfangs- und -endbestand der behandelten Periode auch alle die Unterschiede der Vermögensbewertung mit einschleichen, die selbst nur ein Ausdruck der Einkommensentwicklung und etwaiger Einkommensumschichtung sind. Wenn z. B. die Ertragswerte der Unternehmungen (bzw. die Aktienkurse) steigen, so ist dies im allgemeinen eine Folge der höheren Erträge, die erzielt werden. Wenn diese Erträge aber schon in der Volkseinkommensberechnung zum Ausdruck kommen, so wäre es verfehlt, sie durch Einbeziehung des Vermögenssaldos noch einmal erscheinen zu lassen. Bei Besprechung des Volksvermögens werden noch weitere Faktoren erwähnt werden, welche die Vermögensberechnung beeinflussen, ohne daß es berechtigt wäre, sie beim Einkommen zu berücksichtigen. Hier sei nur ein Beispiel angeführt, das die Fehlerhaftigkeit des Rechnens mit dem Vermögenssaldo besonders beleuchtet. Wenn in einem Lande etwa durch ein Erdbeben in großem Umfange Vermögenswerte zerstört sind, so müßte nach der meist eingeschlagenen Methode der ganze Verlust von dem Einkommen des betreffenden Jahres abgesetzt werden. Es ergäbe sich möglicherweise ein negatives Volkseinkommen (ein Begriff, mit dem eine wirtschaftliche Vorstellung nicht zu verbinden ist), während das Einkommen in den nächsten Jahren wieder ansteigen würde. Dies entspricht aber keineswegs dem Sinn der Einkommensberechnung. Die Zerstörung von Anlagen in solchem Ausmaß beeinflußt das Einkommen des betreffenden Landes auf Jahre hinaus und wird sich darin äußern, daß ein großer Teil der Arbeitsmühe nicht für die Versorgung der Bevölkerung, sondern für den Wiederaufbau der zerstörten Anlagen angesetzt werden muß. Es wäre aber in keiner Weise zu rechtfertigen, diese Schmälerung des Verbrauchs vieler Jahre auf das Einkommen des einen Jahres zu verrechnen. Außerdem würde hierdurch der Verlust doppelt gezählt werden: nämlich einmal als Vermögensverlust in dem ersten Jahre und dann als Einkommensminderung in den folgenden Jahren.

c) Gegenüberstellung von „produziertem“ und „konsumierbarem“ Einkommen.

Es ist zu fragen, ob es möglich ist, diese Schwierigkeit ohne Rückgriff auf den Vermögensvergleich zu überwinden. Wenn Produktionsaufwand und Versorgungseffekt getrennt voneinander ermittelt werden könnten, so würde sich aus dem Unterschied ein Rückschluß auf das Maß ergeben, in dem Einkommen aus Vermögen oder Vermögen aus Einkommen gebildet wird. Angenommen, in einem Jahre verkaufen die Produzenten alle Lebensmittel, die sie sonst laufend auf Lager halten, ohne die Bestände zu ersetzen, so würde die Versorgung (bemessen am Konsum[6]) sich ohne eine entsprechende Steigerung des Produktionsaufwandes heben können. Das gleiche gilt, wenn etwa Aktien an das Ausland verkauft werden und der frühere Besitzer dieser Aktien für den Gegenwert, den er in Devisen erhalten hat, Auslandsware bezieht. Die wichtigste der oben genannten Formen, in der sich der „Vermögensverzehr“ vollziehen kann, würde allerdings bei Beschränkung auf einen solchen Vergleich zwischen Produktionsleistung und Versorgung praktisch nicht festzustellen sein, nämlich der „Raubbau“. Wenn Unternehmungen aus dem Erlös für ihre Produkte so viel an Gewinn, Löhnen und Zinsen auszahlen, daß kein genügender Betrag zur Erhaltung der Betriebsanlagen, zur Düngung des Bodens usw. verbleibt, so kann hierin ein Fall von Vermögensverzehr vorliegen, der in einem Vergleich von Produktion und Verbrauch nicht zum Ausdruck kommt. Es findet zwar eine Verbrauchssteigerung statt, weil für das „Mehr“ an Einkommen Konsumgüter bezogen werden können, die an die Stelle der jetzt weniger produzierten Maschinen und Düngemittel treten. In diesem Fall würde die Produktionsleistung zahlenmäßig aber ebenso steigen wie der Verbrauch. Denn die Produktionsleistung kann nur bemessen werden an dem Entgelt, das für den Einsatz an Arbeit

---

[6] Die Verfügung über den Produktionsertrag und der Konsum sind nicht identisch, weil die Ersparnisse zwar Verfügung über den Produktionsertrag, nicht aber Konsum darstellen. Zu diesem Unterschied wird unten besonders Stellung genommen. Vgl. hierzu den Begriff des „Enjoyable income“, den Irving Fisher, The Nature of Capital and Income, New York 1923, S. 101ff., der Einkommensermittlung zugrunde legen will. Pigou (a. a. O. S. 37f.) macht sich den Unterschied von produziertem und konsumierbarem Einkommen zu eigen. Er erkennt die Berechtigung beider Begriffe an.

und Kapital in den Produktionsprozeß bezogen wird[7]. Die Überhöhung dieses Einkommens, die zu dem Überkonsum führt, würde also auch in der Produktionsbewertung erscheinen. Praktisch erscheint diese Schwierigkeit nicht von der großen Bedeutung für die statistische Ermittlung, da die Größenordnung des in Frage kommenden Raubbaues — unter normalen Wirtschaftsverhältnissen — kleiner sein wird als die Fehlergrenze, mit der jede statistische Volkseinkommensermittlung zu rechnen hat. Auch handelt es sich hierbei lediglich um eine zeitliche Verschiebung, da sich die Überhöhung des Einkommens durch eine spätere Senkung rächt. Grundsätzlich ist aber festzustellen, daß das Problem der Vermögensbewertung mit all seinen Schwierigkeiten an dieser Stelle in die Einkommensermittlung notwendig hereinragt.

Bei einer Ermittlung des Verbrauchseinkommens bleibt das ersparte Einkommen überhaupt unberücksichtigt, weil dieses erst in einer späteren Steigerung des Verbrauchs erscheint. Es wird erst erfaßt, wenn die Zinsen des Ersparten verzehrt oder das Vermögen selbst „angebrochen" wird. Unter dem Gesichtspunkt der Gesamtleistung muß das ersparte Einkommen hingegen sofort mitberücksichtigt werden, weil es sich ja auch hierbei um „produziertes" Einkommen handelt.

Das Zinseinkommen wird unter dem Gesichtspunkt der Produktionsleistung selbstverständlich auch als „verdientes" Einkommen angesehen[8]. Die Begründung ist allerdings verschieden je nach der für richtig gehaltenen Zinstheorie. Nach der Ausbeutungstheorie etwa entspricht dieses Einkommen einem unbezahlten Teil der Leistung der „produktiv Tätigen". Nach anderen Theorien entspricht es der Leistung von „Kapitaldisposition" oder der Zur-Verfügung-Stellung vom Produktionsfaktor „Natur" oder „Zeit".

[7] Diese Methode wendet auch die englisch-amerikanische Produktionsstatistik, die Ermittlung der „Wertschöpfung", des „net outpout" bzw. des „value added by manufacture" an, indem vom Bruttoerlös die Kosten der verbrauchten Roh- und Betriebsstoffe abgesetzt werden und bei der Auswertung zur Berechnung der Gesamtproduktion ein prozentualer Abschlag für die Amortisation vorgenommen wird. Der Rest stellt im wesentlichen das Entgelt für Arbeit und Kapital dar. Die notwendige Grobheit dieses Verfahrens zeigt, daß die im Text behandelte Schwierigkeit mehr von grundsätzlicher, als von praktischer Bedeutung ist.

[8] Nur bezüglich des Zinseinkommens aus „unproduktiven" Staatsanleihen vgl. die Anmerkung 5.

Besonders deutlich werden die Unterschiede zwischen Verbrauch und Produktionsleistung auch in der Frage der nicht ausgeschütteten Betriebsgewinne. Bei Berechnung des Verbrauchs tritt diese Ersparnis erst dann in Erscheinung, wenn auf Grund der Ersparnis in späteren Jahren höhere Erträge erzielt werden und ein höherer Gewinn oder ein höherer Lohnbetrag ausbezahlt wird. Andererseits stellt eine solche „Ersparnis über Betrieb“ das Ergebnis von Produktionsleistung dar. Unter dem Produktionsgesichtspunkt ist dieser Betrag demnach in dem Jahre zu berücksichtigen, in dem er erspart wurde, obwohl die statistisch technische Erfassung auf Schwierigkeiten stoßen wird, wenn hier nicht wieder die Vermögensbewertung herangezogen wird.

Es zeigt sich hier also die grundsätzliche Abweichung der beiden Berechnungsarten, die gerade in ihrer Gegenüberstellung besonders aufschlußreich sind. Es hat sich ergeben, daß der Vergleich vom Gesamtverbrauch und gesamten Produktionsaufwand zu einem Teil die Einbeziehung des Vermögens in die Berechnung ersetzen kann. Eine gänzliche Ausschaltung von Vermögensfeststellungen für eine lückenlose Ermittlung des Volkseinkommens ließ sich also nicht erreichen.

4. Die Grenzen des zeitlichen und internationalen Vergleichs von Volkseinkommensziffern.

Die Grenzen für die Vergleichbarkeit von Volkseinkommensberechnungen liegen begründet in den Unterschieden des Wirtschaftssystems und der Wirtschaftsstruktur, in den besprochenen Unterschieden der Begriffsfassung und in den Unterschieden der statistisch-technischen Methoden.

a) Eine grundsätzliche Schwierigkeit aller Volkseinkommensberechnungen und eines jeden Vergleiches von Volkseinkommensziffern liegt im Bewertungsproblem. Die Bewertung der Leistungen und die Bewertung des Leistungseffektes, auf die es nach den obigen Ausführungen bei der Volkseinkommensermittlung ankommt, können nur vermittels der Geldrechnung, d. h. nach dem jeweils geltenden Preissystem erfolgen. In diesem Zusammenhang kann die hier hereinragende Problematik der Bewertung nicht in ihrem ganzen Umfang aufgerollt, sondern nur angedeutet werden. Zunächst ist es keineswegs selbstverständlich, daß der Preis für die Leistungen, d. h. der Arbeitslohn, Unternehmerlohn, Zins usw. dem „Wert“ der Leistungen entspricht. Ebenso ist es nicht selbstverständlich, daß der Wert der Güter für die Versorgung in ihrem Preis zum adäquaten Ausdruck kommt. Alle Preisgrößen haben einen Sinn nur in der Relation der verschiedenen Geldgrößen zueinander, die innerhalb eines Wirtschaftskreislaufes auftreten. Sie sind gebunden an die sämtlichen Bedingungen auch außerwirtschaftlicher Art, auf die sich dieser Wirtschaftskreislauf gründet. So liegt jeder Wirtschaft ein gewisses System von Wertungen der Güter und Arbeitsmühen zugrunde, die für den Ansatz der Preisrelation als Voraussetzung entscheidend sind. Jeder Vergleich von Volkseinkommensziffern muß also von der Hypothese ausgehen, daß diese Bedingungen in den untersuchten Ländern oder den untersuchten Zeitperioden gleichartig seien. Wenn diese Hypothese nicht wenigstens annäherungsweise zutreffend ist, verlieren Volkseinkommensvergleiche wie alle Preisvergleiche jeglichen Sinn. Diese Schwierigkeit, die sich hier dem Vergleich von Volkseinkommensziffern entgegenstellt, ist die gleiche, die auch das Preisindexproblem beim Vergleich der Preise in verschiedenen Wirtschaftsgebieten oder zu verschiedenen Zeiten prinzipiell unlösbar macht.

b) Eine weitere Schwierigkeit ergibt sich daraus, daß der Begriff des geldmäßigen Volkseinkommens aus den Vorstellungen der Marktwirtschaft erwachsen ist. Die Marktwirtschaft, wie sie etwa im Ricardianischen System zur reinsten theoretischen Darstellung kommt, ist nun aber nicht die allein herrschende Wirtschaftsform. Sie ist durchsetzt von Elementen der Natural- bzw. Hauswirtschaft, der Staatswirtschaft usw. Das Maß, in dem diese Durcheinanderlagerung der verschiedenen Wirtschaftsformen vorliegt, ist dabei keineswegs immer gleich. Wenn sich also die Volkseinkommensberechnung tatsächlich nur auf das aus der Marktwirtschaft fließende Geldeinkommen beschränkt, so würden sich für verschiedene Länder und verschiedene Zeiten völlig unvergleichbare Ergebnisse herausstellen. Es ist schon häufig darauf hingewiesen worden, zu welchen Folgerungen für Wohlstandsvergleiche die verschiedene Abgrenzung zwischen Hauswirtschaft und Marktwirtschaft führt. Wenn in einem Lande die Gewohnheit überwiegt, daß das Kochen, Wäschewaschen usw. ganz von der Hausfrau erledigt wird, während in einem anderen Lande auch die verheiratete Frau in stärkerem Maße berufstätig ist, dafür aber ein Teil der häuslichen Verrichtungen der Marktwirtschaft übertragen ist, also in verstärktem Ausmaß im Gasthof gegessen wird, die Wäschereien usw. beansprucht werden, so würde nach den Volkseinkommensberechnungen das letztere Land gegenüber dem ersteren als sehr viel wohlhabender erscheinen. Ebenso liegt es mit dem Ausmaß, in dem etwa ehrenamtliche Tätigkeit stattfindet. Bei einer reinen Beschränkung der Volkseinkommensberechnungen auf das marktmäßige Einkommen und unter Ausschaltung der Wirtschaftsvorgänge auf finanzwirtschaftlichem Gebiet (diese werden dann als „abgeleitet" behandelt) würden also die ganzen Unterschiede übersehen, die in der Abgrenzung zwischen der Marktwirtschaft einerseits, der Naturalwirtschaft und der Staatswirtschaft andererseits liegen können.

Gegenüber diesen Schwierigkeiten besteht u. E. nicht die Möglichkeit, einfach mit der Hypothese auszukommen, daß diese Grenzziehung in den untersuchten Fällen als gleichgelagert angenommen werden soll. Es ist auch nicht unbedingt notwendig, mit dieser Fiktion zu arbeiten, da es innerhalb gewisser Grenzen möglich ist, derartige Unterschiede wenigstens schätzungsweise auszuschalten. Zu einem großen Teil herrscht in der Finanzwirtschaft auch die Geldrechnung vor, so daß es annähernd möglich ist, die finanzwirtschaftlichen Tatsachen in die Einkommensberechnung mit einzubeziehen. Von fast allen Autoren, die sich mit dem Problem des Volkseinkommens praktisch oder theoretisch befaßt haben, ist dies auch versucht worden, doch sind die gefundenen Lösungen noch nicht als befriedigend anzusehen[9]. Auch bei der Abgrenzung zwischen Naturalwirtschaft und Marktwirtschaft kann man schätzungsweise Korrekturen vornehmen. Wenn im Lande A die Berufsarbeit der Hausfrau gegenüber dem Lande B überwiegt, so muß entweder für das Land B ein Zuschlag für die nicht geldmäßige Leistung der Hausfrau gemacht werden, der sich anschließen müßte an die in dieser Volkswirtschaft sonst übliche Arbeitsbewertung, oder es müßte im Lande A ein entsprechender Abzug für die berufstätigen Frauen vorgenommen werden. Ebenso sind etwa die Deputate der Landarbeiter im Anschluß an die sonst gültigen Preise auf einen Geldausdruck zu bringen. Trotz dieser Korrekturmöglichkeiten findet der Vergleich von Volkseinkommensziffern seine Grenze, wenn die Wirtschaftsstrukturen der betreffenden Länder oder der betreffenden Zeitperiode sehr erheblich voneinander abweichen.

[9] Vgl. insbesondere King in der Veröffentlichung des National Bureau of Economic Research, „Income in the U.S.A. 1909—1919", I. Teil. — Pigou, Economics of Welfare, 2. Ed., London 1924. — Eine eingehende Behandlung dieses Problems habe ich in einer noch nicht veröffentlichten Arbeit über „Die volkswirtschaftliche Theorie der Staatsausgaben" zu geben versucht.

c) Eine weitere Schwierigkeit nicht für die Errechnung, sondern für die Auswertung von Volkseinkommensziffern besteht dann, wenn die Zusammensetzung des Volkseinkommens in den untersuchten Ländern oder Zeitperioden sehr stark voneinander abweicht. So ist mit Recht darauf hingewiesen worden[10], daß für die Beziehung etwa von Staatsausgaben oder Steuern usw. zum Volkseinkommen, d. h. für alle Belastungsvergleiche, die Zusammensetzung des Volkseinkommens mit zu berücksichtigen ist. Vor allem handelt es sich hier um das Verhältnis des gesamten Volkseinkommens zum Existenzminimum, d. h. zu dem Teil des Volkseinkommens, der als Voraussetzung für die Erhaltung der Arbeitsfähigkeit anzusehen ist.

Ferner ist die Gliederung des Volkseinkommens in Arbeitseinkommen und Besitzeinkommen von großer Bedeutung. Gerade die in der Nachkriegszeit in vielen Ländern zu beobachtende Verschiebung nach der Seite des Arbeitseinkommens hat die Berücksichtigung dieser Gliederung als besonders dringlich erscheinen lassen.

d) Neben diesen grundsätzlichen Schranken, die der Auswertung und dem Vergleich von Volkseinkommensberechnungen gesetzt sind, müssen noch Schwierigkeiten mehr technischer Art berücksichtigt werden. Sie ergeben sich aus der Uneinheitlichkeit der für die Volkseinkommensberechnungen zugrunde gelegten Methoden und der Uneinheitlichkeit des statistischen Materials.

Das Volkseinkommen kann methodisch an drei Stellen des wirtschaftlichen Kreislaufs erfaßt werden. Einmal beim Entstehen der Einkommensquelle, beim Produktionsertrag. Diesen Weg wird man da einschlagen, wo eine Produktionsstatistik vorliegt, die wenigstens einen großen Teil der gesamten Produktionstätigkeit umfaßt. Die Lücken der Produktionsstatistik werden bei dieser Methode meist mit Hilfe von Ergebnissen der Berufs- oder Betriebszählung ausgefüllt. Dieses Verfahren kommt vor allen Dingen für die Länder in Betracht,

---

[10] Vgl. vor allem den Vortrag von Alberto Pirelli vor der Internationalen Handelskammer in Brüssel, Juni 1925 (in den Drucksachen der Internationalen Handelskammer). Zum gleichen Problem auch Witte, Das Problem der gleichwertigen Besteuerung, „Wirtschaftsdienst", Hamburg, 9. Jahrgang, 1924, S. 1175. Ferner Colm, Die methodischen Grundlagen der international vergleichenden Finanzstatistik im „Weltwirtschaftlichen Archiv", XXII. Band (1925), Heft 2, S. 222ff.

die mit Hilfe der Ermittlung der „Wertschöpfung" eine allgemeine Produktionsstatistik führen[11].

Die zweite Methode, die das Einkommen unmittelbar zu erfassen sucht, kann wieder zwei Wege einschlagen. Entweder kann sie das Einkommen nach Einkommensarten zu erfassen suchen in einer Schätzung des Gesamtarbeitslohnes, des gesamten Unternehmereinkommens, der gesamten Zinsen, Dividenden usw., oder sie kann das Einkommen beim Einkommensbezieher als Summe der Individualeinkommen schätzen. Dieser letztere Weg wird da eingeschlagen werden, wo eine Einkommenssteuerstatistik Angaben für die Individualeinkommen liefert.

Der dritte Weg zur Schätzung des Volkseinkommens geht von der Schätzung des gesamten Verbrauchs an Konsumgütern bzw. je nach der Fragestellung auch der neu investierten Produktionsmittel aus. Die letzte Methode ist beim gegenwärtigen Stande der Verbrauchsstatistiken so unzuverlässig, daß sie höchstens als Kontrollschätzung in Frage kommt.

Vielfach werden sich die drei Methoden: Erfassung bei der Einkommensquelle (Produktion), beim Einkommensbezug und bei der Einkommensverwendung gegenseitig ergänzen müssen. Da aber jede der Methoden ihre eigenen Fehlerquellen hat, werden sie nie zu einem völlig übereinstimmenden Ergebnis führen.

Eine Fehlerquelle für den Vergleich von verschiedenen Einkommensberechnungen liegt aber nicht nur in der Verschiedenheit der möglichen Methoden; auch bei Anwendung der gleichen Methode besteht noch die Gefahr, für verschiedene Länder oder Zeiten unvergleichbare Ergebnisse zu erhalten. Der Grund liegt darin, daß z. B. auch die Produktionsstatistik oder die Einkommensteuerstatistik in methodischer Hinsicht in den verschiedenen Ländern große Unterschiede aufweisen. So ist z. B. bei der Produktionsstatistik die Behandlung der Abschreibungen eine international sehr verschiedene. Bei der Einkommensteuerstatistik entstehen Unvergleichbarkeiten vor allem durch den verschieden hohen Ansatz der steuerfreien Einkommensgrenze. Infolgedessen ist bei den

---

[11]) Für die Verwendbarkeit der Produktionserhebungen zur Schätzung des Volkseinkommens vgl. Colm, Das Mehrwertverfahren in der Produktionsstatistik, „Weltwirtschaftliches Archiv", XX. Band (1924), Heft 2, S. 204ff., und derselbe in Conrad, „Grundriß zum Studium der politischen Ökonomie", 4. Teil, III. Band, 4. Aufl., Jena 1925, §§ 7—9 und § 36, insbesondere S. 57f., 216ff. und 229ff.

einzelnen Berechnungen der Anteil ganz verschieden, der auf Statistik und der auf Schätzung entfällt. Hier liegt für Bestrebungen der internationalen Vereinheitlichung der statistischen Methoden ein wichtiges, aber sehr schwieriges Aufgabengebiet vor.

Es gibt eigentlich in keinem Lande eine Statistik des Volkseinkommens, sondern alle Volkseinkommensziffern sind das Ergebnis einer Schätzung, die unter Heranziehung der verschiedensten Statistiken vorgenommen wird. Die verschiedenen statistischen Methoden müßten zwar bei Zugrundelegung derselben Fragestellung zum gleichen Ergebnis führen, weichen aber tatsächlich wegen der Unvergleichbarkeit der Unterlagen sehr stark voneinander ab.

Obwohl sich aus diesen Ausführungen ergab, daß die Verwertbarkeit von Volkseinkommensschätzungen an eine Reihe von Bedingungen und Einschränkungen gebunden ist, kann an der Unerläßlichkeit dieser Berechnungen kein Zweifel sein, weil nur durch sie wichtige Relationen ziffernmäßig verdeutlicht werden können. Die Wirtschaftskraft verschiedener Länder oder verschiedener Zeiten kann mit Hilfe keines anderen Begriffes in einem so konzentrierten Merkmal verglichen werden. Kein anderer Begriff eignet sich so gut dazu, die Bedeutung wirtschaftlicher Einzeltatsachen im Rahmen der Gesamtwirtschaft zu kennzeichnen.

B. Volksvermögen.

1. Volksvermögen und Volkskapital.

Als Vermögen wird die Verfügungsmacht über wirtschaftliche Werte zu einem gegebenen Zeitpunkt bezeichnet. Wenn der Begriff nicht nur formal-juristische, sondern auch ökonomische Bedeutung haben soll, so muß dieses Vermögen als eine Größe definiert werden können, die zu anderen ökonomischen Tatsachen in funktionalen Beziehungen steht. Beim Einkommensbegriff war dies, wie im vorigen Abschnitt ausgeführt wurde, möglich: Einkommen stellt im Wirtschaftsprozeß die Verbindung zwischen dem Produktionsertrag und der Ertragsverwendung her. Sieht man sich hingegen das Inventar an, das gewöhnlich (vgl. z. B. die Arbeiten von Helfferich, Steinmann-Bucher u. a.) als Vermögensrechnung aufgemacht wurde, so finden sich nebeneinander das Vermögen der Erwerbswirtschaften, der Haushaltungen wie auch der öffentlichen Hand. Wir glauben, daß eine derartige Summe (unter dem Gesichtspunkt des marktwirtschaftlichen Systems) als eine gänzlich zufällige und wahllose Aufaddition aller Tatsachen anzusehen ist, die untereinander nichts gemein haben als das eine, daß sie einem bestimmten rechtlichen Merkmal entsprechen.

Welches ist die ökonomische Bedeutung des privaten Gebrauchsvermögens? Wir glauben mit Marx, daß das Gut, um ein Wert im Sinne der Marktwirtschaft zu werden, den „Salto mortale" zur „Ware" durchmachen muß. Ebenso glauben wir aber, daß das Gut im Augenblick, wo es in die Verfügung eines Haushalts einbezogen ist, den Warencharakter verloren und nur noch Nutzwert im wirtschaftlichen Zusammenhang der Hauswirtschaft hat, für die Marktwirtschaft also ausgeschieden, verbraucht ist. Zwar ist zuzugeben, daß ein solches Nutzgut wieder zur Ware werden kann, z. B. dann, wenn es verpfändet oder verkauft wird. Unter dem Gesichtspunkt der Marktwirtschaft handelt es sich aber um ein neu auftretendes, gleichsam neu produziertes Gut. Wenn es auch für die Kennzeichnung des Wohlstandes sicherlich sinnvoll ist, die Güter der Hauswirtschaften unter sich aufzuaddieren, so würde es jedoch schwer sein, einen geeigneten Wertmaßstab zu finden. Für die Nutzwerte könnte man höchstens die Kosten unter Berücksichtigung einer Wertminderung und Abnutzung als Maßstab nehmen, wobei man von der Hypothese auszugehen hätte, daß in dem, was jemand für ein Gut ausgegeben hat, ein Maßstab für die Nützlichkeit ruht. Aber damit ist ja nichts gewonnen, wenn man die Güter nicht als Nutzwerte, sondern als Reserven des Warenmarktes betrachten will — und nur unter diesem Gesichtspunkt erscheint die Addition mit anderen Größen des marktwirtschaftlichen Prozesses als irgendwie sinnvoll. Denn bei einer derartigen Bewertung wäre zu berücksichtigen, welcher Teil des Privatvermögens überhaupt für einen erneuten Übergang in die Marktwirtschaft in Frage kommt, da ja ein Mindestmaß an Nutzwerten für die Bedürfnisse der Hauswirtschaft unentbehrlich ist. Als zweites wäre zu fragen, mit welchen Werten die allenfalls marktwirtschaftlich verfügbaren Güter angesetzt werden sollen, wenn sie unter dem Gesichtspunkt der Verkäuflichkeit oder der Verpfändbarkeit bewertet werden sollten. Die Aufaddition von Vermögen der Hauswirtschaft und von Erwerbsvermögen kann demnach nur mit sehr konstruierten Argumenten überhaupt gerechtfertigt werden. Das hauswirtschaftliche Vermögen kann in seiner Eigenschaft als Nutzvermögen mit dem Erwerbsvermögen nicht in eine Reihe gestellt werden.

Das Vermögen der Erwerbswirtschaften ist die juristische Kategorie, welche die Betriebsanlagen und Betriebsmittel zuzüglich der Forderungen, abzüglich der Schulden bezeichnet. Sie deckt sich nicht voll, aber zum großen Teil mit dem ökonomischen Begriff des Kapitals, wenn wir unter Kapital die Verfügungsgewalt über Erwerbsmittel oder die Erwerbsmittel selbst („Realkapital") verstehen. Der Unterschied beruht darin, daß der Kapitalbegriff von allen Besitzverhältnissen absieht. Unter ökonomischem Gesichtspunkt wäre ein internationaler oder zeitlicher Vergleich des Volkskapitals von größtem Interesse.

2. Die Unmöglichkeit einer sinnvollen Bewertung des Volkskapitals.

Der Ermittlung des in einer Marktwirtschaft tätigen Kapitals stellt sich aber eine große Schwierigkeit entgegen. Die einzige Möglichkeit, das Kapital in ökonomisch sinnvoller Weise zu bewerten, besteht in der Errechnung des Ertragswertes. Hier braucht wohl nicht besonders betont zu werden, daß der Streit, ob der Verkaufswert oder der Ertragswert[12] zugrunde gelegt werden soll, nur einen Streit um technische Ermittlungsmethoden darstellt. Wenn man unter Ertragswert lediglich die Kapitalisierung des jeweiligen Jahresertrages versteht, so kommt der Marktpreis, in dem auch die für die Zukunft erwarteten Schwankungen des Ertrages vorweggenommen werden, dem tatsächlichen Ertragswert vielfach näher. Die Eigenart des Ertragswertes, d. h. die Bindung der Kapitalberechnung an den Kapitalertrag, macht es aber unmöglich, den „volkswirtschaftlichen" Kapitalwert zu ermitteln.

a) Der volkswirtschaftliche Sinn der „Kapitalisierung".

Die Errechnung von Ertragswerten durch Kapitalisierung ist ein Vorgang, der bei der Bewertung, d. h. bei der Preisfestsetzung von Ertrag bringenden Vermögensgegenständen, von großer Bedeutung ist. Wenn jemand ein Unternehmen kaufen will, so legt er an den Verkaufspreis den durch Kapitalisierung der Erträge errechneten Ertragswert als Maßstab an für die Beurteilung, ob sich der Kauf für ihn lohnt oder nicht. Der Sinn dieses Maßstabes ist der Vergleich einer Vermögensanlage mit einer anderen. Die Bildung des Ertragswertes beantwortet

[12] Die Bewertung nach Produktions- und Reproduktionswert scheidet aus, weil auf diese Weise der „Goodwill" nicht berücksichtigt werden kann.

die Frage, wieviel jemand an Leihkapital aufwenden muß, um bei dem herrschenden Zinsfuß eine Jahresrente zu erzielen, die dem Jahresertrag des betreffenden Unternehmens entspricht. Für die Entscheidung, wieviel jemand für den Kauf eines Unternehmens, einer Aktie, eines Grundstücks aufzuwenden bereit ist, kommt also dieser Berechnungsart eine große Bedeutung zu. Es fragt sich aber, ob sie für die Berechnung des „Volkskapitals" geeignet ist. Das Grundprinzip der Berechnung besteht darin, den Wert einer Ertragsquelle an anderen zu messen, wobei für die anderen zum Vergleich herangezogenen Ertragsquellen der landesübliche Zinsfuß[13] als stets gegebene Ertragsmöglichkeit angenommen wird. Wenn aber die Berechnungsmethode dazu geeignet ist, zu entscheiden, ob jemand lieber sein Geld festverzinslich anlegt oder ein ihm angebotenes Unternehmen kauft, so ist damit noch nicht gesagt, daß der relative Vergleichsmaßstab auch absolut, d. h. zur Bewertung der Gesamtheit der Ertragsquellen, benutzt werden kann. Das Gesamtkapital kann nicht bewertet werden an einem Maßab, der lediglich zu Vergleichen innerhalb dieses Gesamtkapitals geeignet ist. Die Errechnung eines Gesamtertragswertes mittels der Kapitalisierung ist ein Zahlenspiel ohne ökonomischen Sinn. Es bleibt lediglich die relative Bedeutung, daß man etwa den Gesamtwert des deutschen Kapitals bewertet vom Standpunkt der Ertragsquellen etwa Amerikas. So könnte man von der Fiktion ausgehen, daß sich ein gedachter amerikanischer Finanzier größten Ausmaßes fragt, welcher Kapitalaufwand sich für den Aufkauf des gesamten deutschen Erwerbskapitals verlohnen würde. Dann würden für seine Überlegungen die sonstigen Anlagemöglichkeiten seines Kapitals, also etwa der Zinsfuß in den Vereinigten Staaten, als Bewertungsmaßstab gelten. Wenn er sich dabei unter Berücksichtigung der Risikorente aus der deutschen Volkswirtschaft einen Jahresertrag von 2 Milliarden Dollar verspricht, so würde er sich durch das Hilfsmittel der Kapitalisierung errechnen, wieviel Kapital er sonst (z. B. bei langfristigen Anleihen in den Vereinigten Staaten) aufwenden muß, um eine Jahresrente von 2 Milliarden zu erhalten. Es braucht wohl

[13] Der Zins für sichere festverzinsliche Kapitalanlage eignet sich deswegen besonders gut als Vergleichsmaßstab, weil er (bei normalen Verhältnissen!) die untere Grenze der tatsächlich erzielten Erträge darstellt. Denn der Zins liegt auf die Dauer nur so hoch, daß sich das Arbeiten mit fremdem Kapital noch lohnt, d. h. daß mit diesem Kapital Erträge erzielt werden, die über die Verzinsung hinaus auch noch einen Profit gewähren.

nicht betont zu werden, daß sich diese Fiktion von allen realen Möglichkeiten sehr weit entfernt. Denn im Augenblick, wo in einem Lande wirklich derartige Kapitalsummen zur Verfügung stünden, wäre der Zinsfuß ein ganz anderer, als er unter den tatsächlichen Verhältnissen ist.

Immerhin ergibt sich aus dieser Überlegung, daß es theoretisch unrichtig ist, bei der Errechnung des „Volkskapitals" den Zinsfuß des eigenen Landes zugrunde zu legen, sondern daß gerade der sonst herrschende Zinsfuß maßgebend sein muß. Diese Konsequenz würde bei den jüngsten Volksvermögensberechnungen für Deutschland eine nicht unwesentliche Rolle spielen.

Aus diesen Ausführungen ergibt sich weiterhin, daß, wenn überhaupt, dann nur eine Kapitalisierung zu einem Zinsfuß in Frage kommt, zu dem tatsächlich namhafte Kapitalbeträge untergebracht werden können. Es ist völlig unsinnig, wenn etwa für die Berechnung des deutschen Volksvermögens in den Jahren 1924 oder 1925 der damalige abnorm hohe Zinsfuß zugrunde gelegt würde; denn zu diesem Zinsfuß von 15—20 % konnten ja tatsächlich erhebliche Kapitalbeträge nicht untergebracht werden[14]. Der ökonomische Sinn dieses Zinsfußes bestand gerade in der scharfen Einschränkung der Kapitalverwendung überhaupt. Die Unternehmungen, die Verpflichtungen zu diesem Zinsfuß auf längere Zeit eingegangen sind, konnten diese Zinsen zum großen Teil auf die Dauer nicht aus den Erträgen herauswirtschaften. Die Kapitalisierung der Erträge mittels dieses Zinsfußes bedeutet also, daß die betreffenden Ertragswerte bewertet werden an einem völlig unzutreffenden Maßstab der Ertragserzielung.

Selbst wenn diese prinzipiellen Bedenken gegen die Kapitalisierung des Gesamtertrages einer Wirtschaft nicht geteilt werden, so tritt jedoch die u. E. befriedigend nicht lösbare Frage auf, was denn eigentlich zur Errechnung des Volksvermögens kapitalisiert werden soll.

b) Welcher Ertrag soll kapitalisiert werden?

Der Ertrag des Produktionsprozesses beruht auf dem Zusammenwirken der persönlichen und sächlichen Produktionsfaktoren und geht in die individuelle Verfügung als Arbeitslohn, Unternehmergewinn und Kapitalrente, im ganzen also als Volkseinkommen über. Der Ertrags-

---

[14] Die tatsächliche Bewertung von Einzelvermögen legte ja auch diesen Zinsfuß bei der Kapitalisierung meist nicht zugrunde.

wert eines Unternehmens errechnet sich in privatwirtschaftlichem Sinn aus der Kapitalisierung der mutmaßlichen Durchschnittskapitalrente. Warum unterbleibt die Kapitalisierung des Arbeitslohnes und des Unternehmerentgeltes? Weil diese für das Unternehmen Kosten und nicht Erträge sind, weil das Unternehmen in der Marktwirtschaft bewertet wird nach seiner Fähigkeit, Kapitalertrag zu erzielen, und nicht danach, welcher Anteil ihm für die Versorgung für die Bevölkerung, d. h. für das Volkseinkommen, zukommt, so eng auch beides miteinander zusammenhängt. Wenn man nun diesen Begriff des Ertragswertes auf das Gesamtkapital einer Marktwirtschaft überträgt, so muß man sich die Fiktion zu eigen machen, daß die Volkswirtschaft bewertet wird nach ihrer Fähigkeit, Kapitalertrag zu erzielen, wobei aller Arbeitsentgelt als Unkosten erscheinen. Eine solche Rechnung hätte wiederum nur unter der schon oben angeführten Fiktion Sinn, daß eine Volkswirtschaft gedacht wird, die lediglich für den Gewinn eines fremden Besitzers arbeitet. Eine solche Vorstellung ist aber sinnlos und verträgt sich nicht mit dem Wesen der Marktwirtschaft als einer der möglichen Formen sozialökonomischer Versorgung.

Die Unzweckmäßigkeit einer Bewertung des „Gesamtkapitals“ kann man auch daraus ersehen, daß sich der errechnete Betrag bei geringen innermarktlichen Verschiebungen völlig verändern kann. Der Betrag steigt in dem Moment an, wo die Kapitalrenten (besonders z. B. die Grundrente) auf Kosten des Arbeitseinkommens wachsen. Umgekehrt schmälert jede Lohnerhöhung das so errechnete Volksvermögen, weil der Kapitalertrag sinkt, ohne daß das Volk als Ganzes hierdurch aber irgendwie „ärmer“ oder „reicher“ geworden wäre.

Losch[15] unternahm den Versuch einer Rettung des Volksvermögensbegriffs dadurch, daß er auch den Arbeitslohn kapitalisieren wollte, wodurch die Wirkungen der Verteilungsverschiebungen ausgeschaltet sein würden. Gegen diese Kapitalisierung des Arbeitslohnes erheben sich zunächst grundsätzliche Bedenken. Die Kapitalisierung hat nur Sinn, wenn ein Ertragswert errechnet werden soll. Sofern die Person des Arbeiters als Ertragsquelle angesehen wird, darf aber gerade nicht der Lohn, sondern nur das kapitalisiert werden, was der Arbeiter als Glied einer Leistungsorganisation über seinen Lohn hinaus schafft. Dieser

[15] Losch, Lebendes und totes Volksvermögen, „Allgem. Stat. Archiv“, Band VIII, 1914, S. 187; derselbe, Menschenökonomie, „Allgem. Stat. Archiv“, Band XIV, 1923/24, S. 464.

Bestandteil ist aber bereits im Ertragswert der Unternehmung berücksichtigt. Wenn also unter dem ökonomisch sinnvollen Gesichtspunkt der Lohn als Mittel zur Versorgung angesehen wird, so verliert die Kapitalisierung des Lohnes jegliche Berechtigung.

Außer diesem grundsätzlichen Einwand gegen die Kapitalisierung des Lohnes ist aber auch rein praktisch zu bedenken, daß die Kapitalisierung von Kapitalertrag, Lohn und Unternehmerentgelt der Kapitalisierung des Gesamteinkommens gleichkommt. Dann ist aber nicht einzusehen, warum man nicht mit dem Volkseinkommen selbst arbeiten soll. Der einzige Unterschied bestünde ja nur darin, daß man im kapitalisierten Einkommen etwa erwartete Einkommensschwankungen mitberücksichtigen kann. Wenn aber solche Schwankungen wirklich vorausgesehen werden, kann man sie auch beim Einkommen durch Berechnung eines für eine bestimmte Periode von Jahren erwarteten Durchschnittseinkommens in Rechnung stellen.

Die Berücksichtigung von erwarteten Einkommensschwankungen geschieht bei der Kapitalisierung in anderer Weise als bei einer Durchschnittsberechnung. Bei der Diskontierung von Zukunftserträgen üben die Zahlen einen um so geringeren Einfluß auf das Ergebnis aus, je weiter sich die betreffenden Jahre vom Ausgangszeitpunkt entfernen. Bei der Bildung vom Durchschnittseinkommen einer Periode von etwa 30 Jahren geht hingegen jedes Jahr mit dem gleichen „Gewicht" in den Durchschnitt ein. Auch hier scheint uns wieder das privatwirtschaftliche Rechnungsmittel der Diskontierung auf die volkswirtschaftliche Betrachtungsweise nicht übertragbar zu sein. Wir glauben vielmehr, daß in einer solchen Durchschnittsberechnung einer Periode auch das letzte Jahr noch in gleicher Weise berücksichtigt werden muß wie das erste, daß also der arithmetische Durchschnitt am Platze ist. Allerdings sind wir uns bewußt, daß hier ein theoretisches Problem vorliegt, das mit diesem Hinweis in allen seinen Konsequenzen noch nicht erschöpft ist.

Wir kommen also aus grundsätzlichen und praktischen Erwägungen zu einer Ablehnung der statistischen Bewertung des Volksvermögens, da wir einen solchen Versuch für eine Konstruktion ohne ökonomischen Sinn halten. Die relative Bedeutung eines Begriffs des Gesamtkapitals wird hierdurch ebensowenig geleugnet wie die Wichtigkeit, ein Inventar der Naturschätze und Produktionsmittel eines Landes etwa zum Vergleich mit anderen Ländern aufzustellen. Hierbei wird vor allem die Aufzählung und Mengenberechnung angewandt werden müssen. So werden die nach bestimmten Stande von Technik und Preisbildung verwertbaren Naturschätze nach Kalorienwert oder Metallinhalt usw. zu vergleichen sein. Die vorhandenen Maschinen können etwa nach den investierten Pferdekräften bemessen werden. Die einheitliche Bewertung kann jedoch immer nur mit Hilfe des Volkseinkommens erfolgen, indem gefragt wird, welches Einkommen denen zufällt, welche die Verfügung über die sachlichen Produktionsfaktoren in Händen haben. Auch können in gewissen praktischen Fällen vergleichsweise Schätzungen des Volkskapitals von Bedeutung sein, wenn das Kapital des einen Landes vom Standpunkt eines anderen Landes bewertet werden soll. Das ist dann etwa der Fall, wenn ein Land in großem Ausmaß Kredite an Unternehmungen eines anderen Landes etwa unter der Bedingung der Solidarhaft gibt. Es ist unter Umständen von gewissem praktischem Wert, sich ein Bild von dem verpfändeten Gesamtkapital des Schuldnerlandes zu machen, um ein Verhältnis des Gesamtkapitals zur Höhe des gewährten Kredites zu errechnen[16]. Nur handelt es sich hierbei nicht um eine theoretisch einwandfreie Kategorie, sondern um ein rohes Hilfsmittel zahlenmäßiger Veranschaulichung. Im Gegensatz hierzu sehen wir im Begriff des Volkseinkommens den wertmäßigen Ausdruck der Gesamtversorgung oder der Gesamtleistung einer Volkswirtschaft, also eine wesentliche Kategorie im ökonomischen System, wenn wir auch oben die Grenzen in der Anwendbarkeit dieses Begriffs betonen mußten.

[16] Eine derartige Feststellung scheint Carl Brinkmann bei seinen Ausführungen über Volksvermögen unter dem Titel „Produktivität und ideeller Wert" in dem Beitrag zur Festschrift für Franz Oppenheimer, „Wirtschaft und Gesellschaft", Frankfurt a. M. 1924, S. 79ff., im Auge gehabt zu haben.

Einkommen und Volkseinkommen.

Von

Ernst Schuster, Tübingen.

Inhaltsverzeichnis.

1. Die Ausgangspunkte: Theoretischer und kritischer Volkseinkommensbegriff.[1]

Bei der Erörterung des Volkseinkommensbegriffes erscheint es mir notwendig von vornherein Klarheit darüber zu haben, daß es sich hier um einen Begriff handelt, der in doppelter Weise wirtschaftswissenschaftlich wichtig ist. Dieser Begriff kommt gewissermaßen in den beiden Sphären, in denen man Wirtschaft denken kann, vor und hat dementsprechend verschiedene Aufgaben. Sofern wir uns nur der Wirtschaft zuwenden, soweit sie quantitativen, d. h. Geldausdruck aufweist, haben wir es im Einkommensbegriff mit einem wirtschaftslogischen Begriff zu tun, einem Ordnungsbegriff, der eine ordnende Aufgabe hat; wenn wir aber daran denken, daß Wirtschaft noch eine andere Seite, eine qualitative hat, und mehr ist, als in dem Spiel der Größen nur Ausdruck findet, dann wird der Einkommensbegriff ein Qualitätsbegriff, eine Idee, die irgendwie eine Norm enthält. Daß sich diese Unterscheidung mit der von Geld- und Naturaleinkommen nicht deckt, wird in den weiteren Ausführungen festzustellen sein, die ja auch gleichzeitig die Notwendigkeit und Berechtigung der scharfen Unterscheidung zu bestätigen haben. Diese Feststellung legt gleichzeitig den Gang der Untersuchung fest. Es ist häufig eine Streitfrage gewesen, ob man zunächst den Begriff des Volkseinkommens und dann den des Einkommens oder umgekehrt festzulegen habe. Der im engeren Sinne theoretische Begriff des Volkseinkommens, der Ordnungsbegriff, ist der Begriff einer Summe, weil der quantitative Ausdruck der Wirtschaft der eines Mechanismus ist, d. h. Einkommen vorkommt nur in der Form des Individualeinkommens; mithin ist Volkseinkommen ein Inbegriff, eine Summe, nicht etwas, was primär oder sekundär eine vorkommende Erscheinung mit einem Begriffe belegt. Infolgedessen wird man hier von dem Begriff des Einkommens auszugehen haben und andererseits zu rechtfertigen haben, zu welchem Zwecke man diesen Inbegriff Volkseinkommen prägt. Anders liegt es bei dem Normbegriff Volkseinkom-

---

[1] Für einen Teil der hier vertretenen Anschauungen muß der Verfasser, hinsichtlich ihrer ausführlichen Begründung, auf seine Arbeit: Das Einkommen. Eine kritische Untersuchung. (Mohr, Tübingen) verweisen.

men. Dort handelt es sich — soweit läßt es sich hier vorwegnehmend schon allgemein behandeln — um eine qualitative Einkommensidee, um einen Maßstab, der immer irgendwie gewonnen werden muß. Aber auch als theoretischer Maßstab, historischer Wert oder wie wir es sonst nennen wollen, in jedem Falle handelt es sich hier um etwas, an dem der einzelne nur teilhaben kann. Selbst die individualistischste Zielsetzung rechnet mit der Tatsache vieler Menschen, erkennt mithin an, daß Normen für die Menschen von der Vielheit der Menschen auszugehen haben. Infolgedessen ist der Normbegriff Einkommen primär nur denkbar als Volkseinkommen, als Einkommen, von dem viele leben können. Also ist bei dieser Untersuchung der Ausgangspunkt Volkseinkommen, als der primär-vorstellbare, der gegebene.

2. Ertrag und Einkommen.

Wie bereits hervorgehoben, ist der theoretische Begriff des Volkseinkommens erst zu erfassen, wenn der Begriff des Einkommens geklärt ist. Es ist grundsätzlich notwendig, von vornherein zu betonen, daß der Begriff des Einkommens nur dann einen Wert hat, wenn er als Individualeinkommen definiert wird. Nur die physischen Personen in der Wirtschaft haben Einkommen; die juristischen Personen haben kein Einkommen sondern Ertrag. Diese Unterscheidung ist notwendig, wenn überhaupt die Begriffe Ertrag und Einkommen einen Sinn haben sollen, etwas Verschiedenes bezeichnen sollen. Wir dürfen uns nicht dadurch, daß praktisch Ertrag in Einkommen irgendwie übergeht, abhalten lassen, zunächst abstrakt die gesonderte Bedeutung der Begriffe zu erkennen. Diese beiden Begriffe entsprechen der Doppelaufgabe Wirtschaft, vom Menschen her betrachtet, die wir grob als die Geschäfts- und Haushaltsaufgabe bezeichnen können. Diese Aufgabe besteht darin, daß der Mensch einmal die Individualisation der wirtschaftlichen Materie bestimmen muß, und zum anderen darin, daß er den Anteil seiner Mitarbeit am Prozesse der Wirtschaft bestimmen muß. Die Grundvorstellung der Wirtschaft läßt sich, ganz einfach gesehen, auf zwei Ordnungsaufgaben zurückführen: 1. die Individualisierung eines Teiles wirtschaftlicher Materie und 2. die Zuweisung einer Leistung im wirtschaftlichen Prozeß. Die dritte Aufgabe ist dann, die beiden ersten miteinander so zu verbinden, daß die eine Ordnung mit der anderen korrespondiert, d. h. der Anteil an der Materie abhängig ist von der Leistung und umgekehrt. Diese Verbindung der beiden Aufgaben darf jedoch nicht darüber hinwegtäuschen, daß es sich um zwei Aufgaben handelt, um eine Gleichung mit zwei Größen gewissermaßen, von denen jede Größe für sich ermittelt werden muß. Mit anderen Worten, es müssen zwei Rechnungen in der Wirtschaft nebeneinander geführt werden, wenn man eine Kontrolle haben will, ob die Gleichung stimmt. Die eine Rechnung beschäftigt sich von der Seite her mit der Wirtschaft, daß sie einen Prozeß vor sich sieht, in dem Menschenkraft und Materie umgesetzt, verschoben, verwandelt wird; sie bezieht diesen Umsatz auf Durchgangspunkte; diese Durchgangspunkte des Umsatzes sind jedoch nicht die physischen Personen, sondern die wirtschaftlichen Einheiten, zum Zwecke des Prozesses geschaffen, eben die Geschäfte, die Unternehmungen. Der andere Punkt auf den man den wirtschaftlichen Prozeß beziehen muß, ist der Mensch; die andere Rechnung, die nötig ist, ist dadurch uns aufgegeben, daß dieser Prozeß für den Menschen da ist, und infolgedessen die Einheit Mensch den anderen Punkt bezeichnet, auf den das Geschehen in der Wirtschaft bezogen werden muß. Es sind zwei verschiedene Arten, das wirtschaftliche Geschehen zu errechnen, also nicht nur da, sondern notwendig, und infolgedessen sind auch zwei verschiedene Namen denkbar zur Bezeichnung der Ergebnisse der beiden Rechnungen. Daher können wir den Einkommenbegriff festlegen für die rechnerische Beziehung des wirtschaftlichen Geschehens auf den einzelnen Menschen, da der Ertragsbegriff der rechnerische Begriff der anderen Seite ist.

Die Einkommensrechnung der Wirtschaft ermittelt also die Leistung der Wirtschaft hinsichtlich des einzelnen Menschen; anders dürfen wir es zunächst nicht fassen. Das, was sie für ihn leistet, besteht in der Deckung seiner Lebensnotwendigkeiten; diese wird ihm verschafft in der Aushändigung seines Anteils an der Leistung, in der Form von Kaufkraft, d. h. Geld. So daß wir Einkommen vorläufig definieren können: *Einkommen ist die einem Menschen aus der Anteilnahme am wirtschaftlichen Prozesse in einem bestimmten Zeitraume zufließende realisierbare Kaufkraft.* Die Merkmale des „bestimmten Zeitraumes" und der „realisierbaren Kaufkraft" bedürfen wohl nicht weiterer Darlegungen.

Die Hauptschwierigkeit des Einkommensbegriffes besteht nun darin, daß das, was Leistung der Wirtschaft für das Individuum ist, nicht feststeht, weil das menschliche Individuum, ich möchte sagen, eine Tendenz hat, seine Individualität aufzugeben. Das mag paradox erscheinen, läßt sich aber an folgendem vielleicht klar machen: Das Bewußtsein der Individualität, d. h. der Einzigartigkeit, ist eine relative Größe, die bestimmt ist durch die Größe des Artbewußtseins. Je größer bei Bewußtsein der Einzigartigkeit das Bewußtsein ist, Glied einer Art dabei zu sein, desto stärker wird betont werden, daß das Einkommen nicht der Erhaltung der Einzigartigkeit sondern der Art dient. Das heißt mit anderen Worten: Schrumpft das Gefühl der Individualität ein, so sieht sich der Mensch nicht mehr als einzig, sondern als Durchgangsstation für Menschen gewissermaßen. Grob gesprochen: Sein Menschsein wird Geschäft in Menschen. Ist also der Beziehungspunkt menschliches Individuum eine durchaus relative Größe und damit die Einkommensdefinition ganz abstrakten und formalen Charakters, so besteht die Hauptaufgabe in der Auseinandersetzung mit der Definition des Einkommens im Konkreten. Hiervon hängt es ab, ob der Einkommensbegriff brauchbar und die Volkseinkommensermittlungen sinnvoll sind. Daher beschäftigen wir uns zunächst mit der Bestimmbarkeit des Einkommens.

3. Das Problem des Entgeltes für produktive Tätigkeit.

Die erste Frage, die die von mir oben gegebene Definition des Einkommens aufwirft, ist notwendig folgende: Was heißt denn Betätigung im wirtschaftlichen Sinne oder Anteilnahme an der Wirtschaft? Es gibt doch so viele Einnahmen des Menschen, ist jede Einnahme damit schon Einkommen? Es ist einleuchtend, daß mit dem Hinweis darauf, daß es sich nur um Einnahmen auf Grund wirtschaftlicher Tätigkeit handeln kann, nach keiner Seite hin Klarheit geschaffen ist. Einkommen kann im Bereich der Aufgabe Wirtschaft als Ordnung für die Dauer und bei der Tatsache, daß sie ein dauernder Prozeß ist, immer nur ein Teil desjenigen sein, was im Prozeß der Wirtschaft drinsteht und im Prozeß von Hand zu Hand geht. Das heißt mit anderen Worten, Einkommen ist nur irgend etwas, was gewissermaßen nichts der Zukunft fortnimmt. Auf der anderen Seite will es nicht einleuchten, daß jeder Mensch, der eine Geldsumme empfängt, als Einkommenempfänger angesehen werden soll. Zum Beispiel der Sohn, der Taschengeld erhält. Mit diesem letzten Problem wollen wir uns hier zunächst beschäftigen. So leicht es sein mag, hinsichtlich des eben gebrachten Beispiels zu sagen, das wäre kein Einkommen, so schwer scheint es mir, die Erklärung dafür zu bringen. Man braucht das Beispiel nur etwas zu verändern, und die Schwierigkeit ist deutlich. Nehmen wir eine Reinemachefrau, die in Privathäusern und in der Fabrik arbeitet, an beiden Stellen bekommt sie Entgelt, an beiden Stellen tut sie dieselbe Arbeit. Sehen wir beide Entgelte als Einkommen an, so tritt die Frage auf: Warum ist dann das Taschengeld, das der Vater seiner Tochter zahlt, die auch im Haushalt hilft, kein Einkommen? Und selbst wenn sie nicht hilft, der berühmte Aktionär, der nur Coupons schneidet, tut auch nichts und bekommt ein Entgelt. Gewiß wird man sagen: Auf Grund eines Rechtstitels; ist aber nicht die Familienzugehörigkeit auch ein Rechtstitel? So einfach also ist die Entscheidung nicht zu treffen, weder kann man mit der Qualität der Tätigkeit, noch kann man mit Hilfe des „Rechtsanspruchs" eine Unterscheidung treffen, ob es sich um Entgelt handelt, das Einkommen ist oder nicht.

Was wir mit diesen Bemerkungen getan haben, ist nichts anderes, als daß wir den Einkommensbegriff an den Begriff der Produktivität herangeführt und die Frage aufgeworfen haben, ob es originäres und sekundäres Einkommen gibt. Nach zwei Richtungen haben wir diese Frage gewissermaßen gestellt: Gibt es erstens Entgelt für Nichttätigkeit, und gibt es zweitens Entgelt für Tätigkeit, die wohl Tätigkeit, aber unproduktive Tätigkeit ist? Daß man mit dem Begriff des abgeleiteten Einkommens zwei Fälle umfaßt, ist nicht immer beachtet worden, wohl deswegen, weil das Ergebnis der Untersuchung des Einkommenscharakters sogenannter unproduktiver Tätigkeiten mit entscheidend ist für den anderen Fall.

Wenn wir aber feststellen, daß die Bestimmung des Einkommens zusammenhängt mit der Bestimmung desjenigen, was produktiv ist, so führen wir damit die Frage letztlich zurück auf die Frage: Was ist ein wirtschaftliches Gut? Dafür spricht ja auch die Tatsache, daß in fast allen Untersuchungen zum Volkseinkommens- und Volksvermögensbegriff die Frage nach dem Wesen des wirtschaftlichen Gutes eine mehr oder minder bedeutende und mehr oder minder bewußte Rolle spielt, auf irgendeine Weise aber immer einbezogen ist.

Wir müssen daher ganz kurz auf die Problematik des Begriffes wirtschaftliches Gut eingehen. Diese Begriffsbestimmung wird nicht gefunden, indem man mit einem mehr oder minder absoluten und ethischen Wirtschaftsbegriff an die Aufgabe herangeht, mit einem Begriff mit anderen Worten, der irgendein Normbegriff ist, etwas enthält, was sagt: Eigentlich sollte sein... Dies liegt schon vor, wenn wir die Wirtschaftsaufgabe primär als Aufgabe der Bedürfnisbefriedigung bezeichnen. Für unsere Untersuchung kann nur der Ausgangspunkt maßgebend sein, die Wirtschaft so zu nehmen, wie sie ist, als sogenannte kapitalistische Wirtschaft, als eine Ordnung des Lebens und der Lebensmöglichkeiten. Diese Wirtschaft hat sich einen Ausdruck dafür geschaffen, der aussagt, ob es sich um wirtschaftlich wertvolle Dinge handelt: den Preis. Wirtschaftliches Gut ist alles, was preisfähig ist und wirtschaftliche Tätigkeit ist diejenige, für die man ein Entgelt zahlt. Die Frage der Preisfähigkeit ist eine Frage der Anerkennung; ein Gut ist wirtschaftliches Gut, wenn dafür üblicherweise Preise gezahlt werden; damit wird zum Ausdruck gebracht, daß es zur Wirtschaft gehört und in den wirtschaftlichen Kalkül einbezogen ist. Weder die Motive, die zur Entstehung dieses Gutes führen, noch das sachliche Merkmal, wie dieses Gut gearbeitet ist, haben irgendwelchen Einfluß auf die Preisbildung. Die einzige Bedingung, die für den wirtschaftlichen Kalkül maßgebend ist, ist die Tatsache der Knappheit, Begrenztheit, die notwendig ist, um rechnen zu können. Das heißt mit anderen Worten, dem Gut ist auf Grund seiner Eigenschaft keine Diagnose zu stellen, ob es wirtschaftliches Gut ist oder nicht ist; erklärt es irgend jemand als Brauchbarkeit und zahlt dafür einen Preis, dann ist es wirtschaftliches Gut, wirtschaftlich wertvolle Sache. Ob es sich hier um materielle oder immaterielle Dinge handelt, ist deshalb ganz gleichgültig; wenn man einmal erkennt, daß die Tatsache des wirtschaftlichen Rechnens nur irgend etwas, einen ganz allgemeinen und ganz weiten Begriff der Brauchbarkeit und Verwendbarkeit voraussetzt, mit anderen Worten, das Bedürfnis etwas gänzlich Irrationales und daher sachlich nicht Abgrenzbares und Festlegbares ist, dann ist wirtschaftliches Gut nicht sachlich vorausbestimmbar, sondern hinsichtlich des Wesens des wirtschaftlichen Gutes lassen sich nur die Kriterien feststellen, in denen seine Existenz sich ausdrückt. Dieses Kriterium ist die Tatsache der anerkannten Preisfähigkeit.

Von hier aus ist jetzt auch die Möglichkeit gegeben, über den Begriff der Produktivität Klarheit zu bekommen. Ebensowenig wie wir, wenn wir „Theorie" treiben, mit einem Begriff des Gutes an die Wirtschaft herangehen dürfen, der der Wirtschaft gewissermaßen vorschreibt, was wirtschaftliches Gut zu sein hat, ebensowenig können wir der Wirtschaft vorschreiben, was produktiv ist, wenn wir auf Theorie hinauswollen. Die Fähigkeit, ein Entgelt zu bekommen, ist im Grunde dieselbe Fähigkeit wie die, einen Preis zu tragen. Für den wirtschaftenden Menschen besteht hinsichtlich der Qualität der Tätigkeiten, soweit er sie wirtschaftlich kalkuliert, höchstens im Vorurteil ein Unterschied von produktiven und unproduktiven Tätigkeiten; praktisch hat diese Unterscheidung nur den Sinn, daß die verschiedenen Tätigkeiten ein gewisses Proportionalitätsverhältnis zueinander haben. Worauf der Unternehmer bei der Berechnung und „Bewertung" der verschiedenen Tätigkeiten sieht, der Tätigkeiten, die er für seinen Zweck braucht, das ist die Proportion, in der die einzelnen Tätigkeiten zueinander stehen müssen. Alles, was er braucht und infolgedessen auch bezahlt, ist ihm wichtig für den Erfolg; denn sonst würde er es nicht bezahlen; und wenn er gewisse Ausgaben als unproduktive Ausgaben bezeichnet, so nur deshalb, weil das uralte Vorurteil besteht, daß jeder Pfennig für Verwaltung usw. eigentlich eine überflüssige Ausgabe sei, nur infolge der Unzulänglichkeit, wenn nicht gerade der Schlechtigkeit der Menschen gezahlt werden müßte. Es steht dahinter offenbar noch das Dogma des alten Liberalismus, für den Verfassungen und infolgedessen Verwaltungsausgaben höchstens ein notwendiges Übel sind. Gibt man dies Dogma auf — man muß erkennen, daß es ein quasimetaphysisches Dogma ist —, so wird man die „Verfassung" als selbständigen wirtschaftlichen Wert anzusehen haben, als ein Gut, das auch produziert und erhalten werden muß. Vielleicht kann man es so formulieren, daß man konkreter sagt: für eine Unternehmung sind nicht nur Arbeitskräfte und Güter notwendig, sondern noch eine dritte Sache, als ein irgend etwas, was da ist, nämlich die Verfassung der Unternehmung. Gibt man dies zu, dann kann man nicht umhin, die Tätigkeiten, die sich mit der Verfassung der Unternehmung beschäftigen, als produktiv zu bezeichnen. (Es sei betont, daß ich hier von Verfassung im ganz allgemeinen und gemeinen Sinne des Wortes spreche.) Es gehört zu diesen produktiven Tätigkeiten der Reproduktion der Verfassung, z. B. die Reinhaltung des Betriebes, die Kontrolltätigkeiten u. a., — was man in der Regel als unproduktive Tätigkeiten bezeichnet.

Wir kommen also zu dem Resultate, daß alle Tätigkeiten, die üblicherweise ein Entgelt erhalten, produktive Tätigkeiten sind und mithin Einkommen beziehen; dieses Einkommen ist kein abgeleitetes Einkommen. Diese zehren nicht als Nutznießer von den Früchten anderer Arbeit. Ihr Entgelt ist erst dann abgeleitetes Einkommen, wenn sie es beziehen und die Proportionalität nicht stimmt. Das wäre der Fall, wenn eine Verminderung dieser Aufgaben nicht zu einer Verminderung des Gesamtergebnisses führen würde. Mit anderen Worten: Die Tätigkeit ist der Qualität nach niemals unproduktiv, das Quantum der Tätigkeit kann hinsichtlich der Kosten, die sie macht, unproduktiv werden, weil die Disproportionalität Minderung des Ergebnisses bedeutet, und mithin etwas ableitet. Also kann man nicht darüber streiten, ob Tätigkeiten produktiv oder unproduktiv sind, sondern nur über die Proportion, in der sie zueinander zu stehen haben.

Damit kommen wir zu der viel diskutierten Frage, ob es sich beim Einkommen der Staatsbeamten usw. um originäres oder abgeleitetes Einkommen handelt. Die Meinung ist ja auch noch heute weit, sehr weit sogar verbreitet, daß der Beamte ein Nutznießer am Tische der Wirtschaft sei, sein Einkommen eine Schmälerung des eigentlichen Einkommens und der eigentlich Einkommenberechtigten bedeute. Auch hier liegt einerseits wieder eine durchaus dogmatische Einstellung, vielleicht noch physiokratisches Erbgut vor (es ist ja nicht so selten, daß ein schon längst totgesagtes System in seinen Teilen eine ungeheuer zähe Fortpflanzungsfähigkeit zeigt), auf der anderen Seite ist ein gewisser Unterschied der Einkommensbezüge der Beamten zu denen der Arbeiter und Angestellten in den Unternehmungen wohl mitbestimmend gewesen. Der Unterschied besteht darin, daß der Beamte sein Einkommen als Gehalt bezieht, d. h. scheinbar nicht dem Gesetz von Angebot und Nachfrage unterworfen ist. Was aber dahintersteckt, ist nichts anderes, als daß das Kostendeckungsprinzip der Staatswirtschaft nicht das des speziellen Entgeltes, sondern ein gemeinwirtschaftliches ist. Die Zurechnung des Staates ist eine andere als die in der Unternehmung, nach der formalen Seite hin. Der Staat läßt sich durch Steuern generell für Leistungen überhaupt bezahlen und liefert dafür die Leistungen nach anderem Maßstabe als dem, daß der, der viel gezahlt hat, nun auch viel vom Staate erhält. Dieser Unterschied ist nicht zu leugnen. Wenn man aber den Staat, wie in der Unternehmung die Verfassung der Unternehmung, als irgendwie wirtschaftlich wertvoll ansieht, so sind die, die die Verfassung ausführen, wirtschaftlich wertvoll, ihre Dienste sind produktiv. Und es ist hier genau so, wie oben im Bereiche der Unternehmung zunächst ausgeführt wurde, die Tätigkeit der Beamten ist erst unproduktiv, wenn die Kosten des Staates nicht mehr im Verhältnis zu den übrigen Kosten stehen. Sind die Kosten des Staates disproportional, d. h. zu groß für die übrigen Kosten, dann ist ein Teil des Einkommens der Beamten, wenn sie es noch beziehen, abgeleitetes Einkommen.

Wir können jetzt das Ergebnis dieses Abschnittes dahin formulieren, daß wir sagen: Einkommen sind die Geldeinnahmen des menschlichen Individiums, die üblicher- oder anerkannterweise als Entgelt gezahlt werden, damit aber in keiner Weise etwas historisch und konkret Identisches.

4. Einkommen und Quasieinkommen.

Nachdem eben das Problem des abgeleiteten Einkommens behandelt ist, müssen wir uns jetzt der weiteren Frage zuwenden, ob es scheinbare Einkommen gibt, d. h. personale Einnahmen, die dem Einkommen ähnlich sind, aber nicht als Einkommen angesehen werden dürfen und umgekehrt. Die ganze Schwierigkeit des Einkommensbegriffes beruht darauf, daß das Einkommen eine Erscheinungsform hat, die sich deckt mit allen möglichen anderen wirtschaftlichen Vorgängen. Daher kommt es darauf an, den Begriff möglichst lange mit Zweifelsfragen zu behandeln. Eine solche Frage ist die im letzten Abschnitt gestellte, ob Einkommen nicht auch übergeleitet bzw. abgeleitet werden könnte, eine weitere, die jetzt aufgeworfen werden muß: Ob es nicht noch andere Erscheinungen in Einkommensform gibt, die aber nicht Einkommen sind, und ob andererseits alles Einkommen auch die Einkommensform der personalen Einnahme annimmt.

Wenn wir uns der letzten Frage zunächst zuwenden, so sei an die oben gemachte Feststellung erinnert, daß eine Unternehmung Erträge und nur Erträge hat. Damit ist ein Punkt bezeichnet, der wohl als Ausgangspunkt gewählt werden kann, der aber der komplizierten wirtschaftlichen Wirklichkeit nicht ganz gerecht wird. Wir sprechen damit dem Geschäft die Einkommensfähigkeit ab und behaupten, daß die Aufgabe des Geschäftes im Umsatz und der Reingewinnerzielung bestehe. Mit anderen Worten sagen wir, daß das Geschäft durch den Umsatz und den Reingewinn die Menschen in Nahrung zu setzen hat, — wenn es erlaubt ist, den wirtschaftlichen Prozeß so einfach zu formulieren. Dies ist richtig, sofern wir die Wirtschaftsaufgabe nur als Mittel für Zwecke ansehen; sie bedarf der Korrektur, sobald dieses Mittel Selbstzweck in gewisser Weise wird. Das heißt, sobald das Geschäft seinen zunächst nur als Ordnung anzusehenden Charakter umwandelt in den einer Institution, also: sobald das Geschäft Persönlichkeitscharakter bekommt, ist es auch einkommensfähig. Die Einkommensfähigkeit des Geschäftes hängt also damit zusammen, daß wir heute diese zunächst abstrakten Gebilde als Personen denken und als Personen behandeln.

1. Damit kommen wir zu dem ersten Fall, daß Einkommen nicht die Form des individuellen Einkommens einer physischen Person anzunehmen braucht. Jedoch ist das Einkommen dieser nichtphysischen Geschäftspersonen noch genauer zu charakterisieren. Die Geschäftspersonen sind nicht in dem Grade einkommensfähig wie die physischen Personen. Für die physischen Personen sind die Einnahmen — mit den zu behandelnden und bereits behandelten Einschränkungen — das Einkommen, bei den Geschäften steht der Einnahme- die Ausgabeseite gegenüber, d. h. in jedem Geschäft sind die Einnahmen Durchgänge. Nur ein Teil der Einnahmen bleibt im Geschäft gewissermaßen hängen, wird erst nach einem bestimmten Zeitraum verteilt, respektive nicht verteilt. Das ist der Gewinn. Dieser Gewinn ist dasjenige, was beim Geschäft, als Nichtweitergeleitetes, Einkommen ist. Insofern er seiner Bestimmung, umgesetzt zu werden, nicht zugeführt wird, ist der Reingewinn, der als Rücklage, Reserve im Geschäft bleibt, Einkommen, das nicht die Einkommensform annimmt. Um diese Summe des nicht weitergeleiteten Gewinnes muß bei einer Feststellung des Gesamteinkommens die Summe der Individualeinkommen vermehrt werden. Gerade in der gegenwärtigen Zeit spielt die Nichtüberleitung von Gewinnen in Einkommen eine große Rolle.

2. Wenn ich eben ausführte, daß das Einkommen der individuellen physischen Personen gewissermaßen gleich dem Umsatz der Geschäfte + Reingewinn der Geschäfte sein müßte, so ist das nicht ganz richtig. Der Umsatz bezieht sich ja nicht nur auf den Kauf von menschlicher Arbeit, sondern auch auf den von Sachen; wir müssen daher jetzt genauer sagen: das Einkommen besteht aus dem auf den Kauf von menschlicher Mitwirkung verwendeten Teil des Umsatzes des Geschäftes und dem Reingewinn. Der andere Teil des Umsatzes besteht in dem Kauf von Sachen. Wenn wir so — etwas reichlich einfach gewiß — den wirtschaftlichen Prozeß darstellen, so ist dennoch nicht gesagt, daß die Einnahme der physischen Personen nur der Umsatzteil des Geschäftes ist, der zum Kauf menschlicher Mitwirkung dient. Es liegt vielmehr Grund vor, anzunehmen, daß ein Teil des Umsatzes des Geschäftes, der der Wiederbeschaffung der Sache dient — d. h. die Kapitalreproduk-

tion —, auch über die Einkommensform stattfinden kann und tatsächlich stattfindet. Mit anderen Worten: Jedes Geschäft kann zu viel Einkommen zahlen und dadurch an Produktionsmitteln einbüßen. Dies wird man zugeben, es jedoch nicht als Regel bezeichnen wollen. Aber mir scheint dieser Fall durchaus nicht so selten. Woran ich hier denke, ist folgendes. Wir sehen eine erhebliche Spartätigkeit und sind leicht geneigt, diese Spartätigkeit als Überschüsse des Einkommens zu bezeichnen. Nun scheint es mir aber durchaus denkbar, daß ein Teil dieser Ersparnisse Rückverwandlung in Kapital von Kapital ist, das Einkommengestalt angenommen hat. Mit anderen Worten, die Kapitalsreproduktion kann Umwege einschlagen über die Einkommensform, damit gleichzeitig Vermögensverschiebung bedeuten. Ich denke hier vorwiegend, wenn auch zunächst dies mehr als kritische Frage aufwerfend, an die Beamtengehälter, die auf Steuern beruhen. Steuern können das Einkommen, aber auch das Vermögen erfassen; soweit sie das Vermögen erfassen, sind die daraus gezahlten Einkommen nicht Einkommen, sondern Vermögensübertragungen, die zur umgeleiteten Kapitalreproduktion führen, sofern die Beamten Ersparnisse in den Banken usw. niederlegen. Also kann man erstens die Ersparnisse nicht als Neuvermögensbildungen betrachten in ihrem ganzen Umfange — dies ist jedoch weniger wichtig in diesem Zusammenhang —, worauf es mir ankommt ist die Tatsache, daß Einkommen gerade dort, wo sie als reines Einkommen auftreten, einen Bestandteil Nichteinkommen enthalten. Hierauf wird später bei der Untersuchung der Beziehung von Einkommen und Vermögen noch zurückzukommen sein. Hier läßt sich folgendes vielleicht zum Ausdruck bringen: Je höher die Besteuerungen sind, und je höher die Beamtengehälter sind, und je höher die Spartätigkeit dieser Beamten ist, desto größer ist die Wahrscheinlichkeit, daß ein Teil des Beamteneinkommens Quasieinkommen ist, d. h. Einkommensform annehmende übergeleitete und umgeleitete Kapitalreproduktion. Damit auch Vermögensverschiebung.

3. Die ganze Erfassung des Einkommens, der Begriff des Einkommens, hängt damit zusammen, daß man scharf zwischen der Geschäftsseite der Wirtschaft und der Menschenseite der Wirtschaft unterscheiden kann, daß man die Ebene des Geschäftlichen und Persönlichen auseinanderhalten kann. Schon die Schwierigkeit der Formulierung deutet darauf hin, daß die beiden Seiten schwer auseinanderzuhalten sind in dem Sinne, daß ganz klare Begreifbarkeit möglich wäre. Die

zwei Seiten sind begrifflich-intentional wohl zu unterscheiden, real nicht mehr unterscheidbar. Vielleicht ist diese Kennzeichnung, daß es sich bei dem Begriffspaar Ertrag und Einkommen um intentionale Begriffe handelt, d. h. es Begriffe von etwas sind, worauf wirtschaftliches Denken der Absicht nach gerichtet ist, für die ganze Schwierigkeit dieser Begriffsbildung aufklärend. Was wir damit feststellen in diesem engeren Zusammenhange, ist folgendes: Die Trennung von Geschäftsseite und persönlicher Seite der Wirtschaft ist etwas, was wir wissen von der Wirtschaft, weil wir es im Kern der Wirtschaft glauben zu sehen — dort, wo eben die wirtschaftliche Einheit als selbständige Einheit der physischen Person gegenübertritt —, was wir aber als intentionale Unterscheidung in vielen anderen Fällen, wo Geschäft und Person sich nicht voneinander gelöst haben, erst unterstellen müssen, um hier Einkommen und Ertrag voneinander zu unterscheiden. In sehr vielen Fällen ist diese Unterscheidung nicht einmal in Analogie zu dem, was im Kern der Wirtschaft vor sich geht, möglich. Denn an der Grenze der Wirtschaft liegen die Fälle, wo Personen wohl Einkommen haben, weil ihre Eingliederung in die Wirtschaft nicht zu umgehen ist, wo es aber falsch wäre, mit der Unterstellung heranzugehen, hier handle es sich um Entgelt für eine der Absicht nach wirtschaftliche Leistung. Nicht jede Tätigkeit ist der Absicht nach wirtschaftlich, sondern es gibt Tätigkeiten, die aus Notwendigkeit wirtschaftlich sind. Dies besagt nicht, daß ihre Tätigkeit nichtwirtschaftlich ist, sondern besagt, daß wir an diese Tätigkeit nicht mit dem Gedanken der Ertragsrechnung herangehen können, um festzustellen, wieviel von dem Einkommen wirkliches Einkommen ist, weil Anschaffungen bzw. Ausgaben nicht die Trennung von Geschäft und Person zulassen. Nehmen wir das Beispiel des Arztes, der sich wissenschaftlich-medizinische Bücher anschafft. Hier ist der Maßstab des Geschäftlichen wohl anlegbar, d. h. die Kennzeichnung als Beschaffung von Mitteln zum „Geschäft" denkbar, aber es würde gegenüber dem Tatbestand der nichtwirtschaftlichen Einstellung der wissenschaftlichen Fortbildung heute noch als eine Vergewaltigung, mindestens Einseitigkeit empfunden werden. Wenn wir weitere solche Fälle nennen würden, so ergäbe sich hieraus die Schlußfolgerung, daß die Einbeziehung dieser Einkommensfälle in die Gesamteinkommenssphäre, wirtschaftlich gesehen, auf der einen Seite nicht richtig ist, auf der anderen Seite aber notwendig ist, als Notwendigkeit aber der Korrektur bedarf.

Daß die Schwierigkeit der Trennung von Geschäft und Person die

Errechnung des Einkommens problematisch macht, ist eine bereits hinlänglich bekannte Erscheinung; wichtiger zu erkennen ist, daß, je größer die Schicht der freien Berufe, d. h. der eigentlich nicht wirtschaftlichen, sondern nur quasiwirtschaftlichen Tätigkeiten ist, desto stärker das Einkommen dieser auch Kapitalreproduktion enthält, also nicht einmal ganz als Einkommen unterstellt werden darf.

4. In diesem Zusammenhang muß noch die Frage aufgeworfen werden, wie man sich zu dem Einkommen verhalten soll, das aus Kredit stammt. Hier liegt an sich die Versuchung nahe, Einkommen aus Kredit als Quasieinkommen zu bezeichnen. Damit würde man jedoch fehl gehen. Quasieinkommen sind wirtschaftliche Erscheinungen in Einkommensform, die sich entweder als Vermögensverschiebungen erweisen oder als nicht auszusondernde Vermögensrestitution oder als Einkommen, die nicht eine Einkommensform annehmen, sondern als Reservefond oder sonstwie im Geschäft bleiben. Darum handelt es sich beim Kredit nicht; untersuchen wir es nämlich an einem einfachen Beispiel: Ein deutscher Fabrikant nimmt bei einer ausländischen Geschäftsverbindung auf zwei Jahre eine Anleihe auf, um seine Produktion wieder in Gang zu bringen. Er kauft davon die Rohstoffe und die Arbeitskräfte; die ersten Produkte gehen erst nach Jahresfrist in den Absatz. Haben während des ersten Jahres nun die Arbeiter Einkommen gehabt oder nicht? Daß der juristische Gesichtspunkt ausscheidet, ist selbstverständlich; es handelt sich hier um die Frage, ob das Einkommen, das nicht aus dem Absatz, sondern aus der Anleihe gezahlt ist, gleichzusetzen ist dem Einkommen anderer Arbeiter, die aus dem laufenden Absatz bezahlt werden. So deutlich zunächst der Unterschied erscheint, er verschwindet bei näherer Betrachtung. Die Feststellung des Unterschiedes beruht nämlich darauf, daß man annimmt, die Arbeiter würden aus der laufenden Produktion bezahlt, während hier auch ein Kreditvorgang vorliegt. Der Unterschied ist nur der, daß das eine Mal der Unternehmer sein eigner Kreditgeber ist; denn was er eingenommen hat, das steckt er wieder in die Wirtschaft hinein. Das andere Mal ist ein anderer der Kreditgeber; was ein anderer eingenommen hat, das steckt der Unternehmer jetzt in seine Unternehmung hinein. Also liegt kein Anlaß vor, dieses Einkommen den anderen Einkommen nicht gleichzusetzen. Damit ist dem Zusammenhang des Kredites mit dem Volkseinkommen jedoch in keiner Weise schon genügend Aufmerksamkeit geschenkt. Nur soweit, als es sich um die Frage der Zusammenzählbarkeit gewissermaßen handelt, soweit sind

wir zufriedengestellt. Daß es in anderer Hinsicht durchaus nicht gleichgültig ist, wie groß der gegebene Kredit in einer Volkswirtschaft ist und wer ihn gegeben hat, das wird noch zu berühren sein.

Fassen wir zusammen: Es gibt viele Fälle von Quasieinkommen, Einkommen, das nicht Einkommen ist, dem man dies aber nicht ansieht, und Einkommen, das nicht Einkommen wird, sondern sich versteckt. Die begriffliche Trennung der Geschäfts- und Haushaltsseite erweist sich als im Konkreten nicht durchgeführt.

5. Der konventionale, relative und heteronome Charakter des Einkommensbegriffes.

Als wir oben von der Einkommensfähigkeit sprachen, mußten wir den konventionalen Charakter des Einkommensbegriffes betonen. Wir mußten darauf hinweisen, daß der sachliche Charakter der Tätigkeit in keiner Weise primär darüber entscheidet, ob es sich um eine wirtschaftliche Tätigkeit handelt, sondern dies davon abhängig sein lassen, ob die Wirtschaftsgesellschaft die Bezahlung und Bewertung dieser Tätigkeit zur Regel hat werden lassen oder werden lassen wird. Die Einbeziehung in das Netz der Preise ist in ihrer Motivierung rational nicht faßbar, als Erfolg jedoch feststellbar. Hier jedoch müssen wir noch einige Konsequenzen aufdecken, die sich aus dieser Feststellung ergeben.

Der konventionale Charakter des Einkommensbegriffes wirkt sich in der Weise eigenartig aus, daß er konventional gewissermaßen Zwang ausübt; sofern er ein Begriff ist, der sozial so etwas wie Lebensordnung schaffen soll, unterwirft er alles dieser Lebensordnung. Da die Wirtschaft die Ordnung des Lebens ist, wird jeder in diese Ordnung einbezogen und muß sich irgendwie einem Einkommen zurechnen lassen. Kein Mensch kann für die Wirtschaft gewissermaßen außerhalb der Möglichkeit des Einkommens stehen, jeder muß sich auf den Nenner Einkommen in irgendeiner Weise bringen lassen. Es ist so, als ob die einmal geschaffene Vorstellung Einkommen nichts anderes mehr zu sehen vermöchte, als daß alle Menschen irgendwie Einkommen haben. Das ist von tiefster Bedeutung für die Erfassung des Gesamteinkommens. Denn es besagt, daß diese Gesamtauffassung Menschen Einkommen zuspricht, zusprechen muß, wo eigentlich der Gesinnung, der Absicht nach Wirtschaft nicht vorhanden ist. Darauf wurde aber schon einmal hingewiesen; worauf wir jetzt hinauswollen, das ist der verpflichtende Charakter einer an einer Stelle zunächst einsetzenden Verwirtschaftlichung. Darin steckt ein Vorgreifen, das zu verhängnisvollen Schlüssen führen kann. Sobald wir das Leben von der Einkommensseite her betrachten, in dem Moment stellen wir es wirtschaftlicher dar, als es ist, oder ganz praktisch gesehen, sobald wir vom Einkommensbegriff aus eine Einkommensteuer aufstellen, müssen wir der Einkommensteuer Menschen unterwerfen, die das Einkommen noch nicht kennen.

Konvention ist aber nicht nur das, was Einkommen ist, sondern Konvention ist überhaupt der Einkommensbegriff und die Einkommensvorstellung. Dies ist paradox, aber es bezeichnet die ganze Schwierigkeit des Einkommensbegriffes. Um deutlicher zu sagen, was ich meine: Die Unterscheidung von Einkommen und Ertrag ist eine Unterscheidung, die definierend nur an eine bestimmte historische Situation der Wirtschaft anknüpfen kann. Ich bezeichnete oben die Begriffe schon als intentionale Begriffe; der tiefere und weitere Sinn dieser Charakterisierung soll jetzt erst klargelegt werden. Es sind nämlich zwei Begriffe, die nur so lange gelten, nur so lange brauchbar sind, als der Wille zu dieser Unterscheidung vorliegt.

Die Unterscheidung von Ertrag und Einkommen beruhte — man kann heute fast schon in der Vergangenheit sprechen, wie gleich zu zeigen sein wird, — u. a. darauf, daß der Mensch seine persönliche Leistung nicht rechnerisch objektivierte. Der Preis der Leistung, das Einkommen, das es beziehen sollte, war ein durch Tradition und alle möglichen anderen Faktoren bestimmter, aber keineswegs errechneter Wert. Der Haushalt war Verbrauch, das Geschäft Produktion, — und diese Unterscheidung war die Unterscheidung von zwei Welten, restlos dem begrifflichen Erfassen nicht zugänglich, ja, man kann sagen, durch die begriffliche Erfassung aufgelöst. Denn in dem Moment, wo wir den Einkommensbegriff prägen, beginnt die Zersetzung dieses Begriffes. Die Begriffe Ertrag und Einkommen machen beim Versuche der Unterscheidung nur allzu deutlich die Ähnlichkeit der Erscheinungen dieser sehr stark „gefühlten" zwei Seiten der Wirtschaft bewußt. Sobald wir die Identität des Geldes in beiden Erscheinungen feststellen, in dem Augenblick ist der Frage das Tor geöffnet, ob man nicht auch den Haushalt als Produktion betrachten könnte.

Mag man meinen eben gemachten kurzen Ausführungen vielleicht noch nicht ganz zustimmen wollen, Fakten lehren aber, daß die historische Grenze zwischen Geschäft und Haushalt im Verschwinden ist, und daß die Unterscheidung von Ertrag und Einkommen ihre historische Basis verloren hat, weil die Menschen nicht mehr Einkommen wollen, sondern etwas anderes. Vielleicht kann man es auch so ausdrücken, daß man sagt, für die scharfe Unterscheidung zwischen Produktion und Konsumtion fehlt das Sehorgan. Man sieht nur immer das Weitergehen, Weitergehenmüssen der Wirtschaft, und im Prozeß ist alle Konsumtion wieder Produktion, ist alles nur Umwandlung. So wird auch der individuelle Konsum zur Reproduktion und Produktion; auch der Haushalt wird ein Geschäft.

Daß dies bereits Tatsache geworden ist, lehren Beispiele. Zunächst mag darauf hingewiesen werden, daß die neue Einkommenssteuer den Begriff der Werbungskosten verallgemeinert hat, d. h. nichts anderes als die gesetzliche Anerkennung der Kostenrechnung für den Haushalt. Man mag es zunächst nur als Technik ansehen zu dem Zwecke, der flüssigen Grenze zwischen Kapitalreproduktion und Einkommen einen gewissen Spielraum zu geben; aber es ist mehr, und die Anerkennung der Kostenrechnung für den Haushalt ist nur der Anfang für einen weitergehenden Prozeß. Zunächst hat man sich mit einer wenig spezialisierten Kostenrechnung begnügt, die Forderungen nach Differenzierung werden folgen. Jeder Berufstätige wird seine spezifische Kostenrechnung für seinen Beruf durchzusetzen versuchen.

Symptomatisch für die Auflockerung des Einkommensbegriffes ist auch noch etwas anderes, was zunächst ferner zu liegen scheint. Die Hausfrauen-Verbände beantragten, in die Berufszählung den Hausfrauenberuf mit aufzunehmen. Was heißt das anderes, als Verlangen nach Anerkennung der produktiven Tätigkeit; was heißt das anderes, als Ablehnung der Anschauung, der Haushalt sei Konsumwirtschaft?

Dieser heute einsetzende Prozeß der Zersetzung des Einkommensbegriffes scheint mir ein Prozeß der Selbstzersetzung zu sein, darin begründet, daß man zwei intentionale Begriffe: Ertrag und Einkommen — die im Kern der Wirtschaft, gewissermaßen dort, wo Aktiengesellschaft und Angestellte, Arbeiter einander gegenüberstehen, empirisch gewissen bestimmten Inhalt haben —, daß man diese zwei Begriffe, wie oben bemerkt, notwendig verallgemeinern muß auf Fälle, wo Geschäft und Haushalt nicht getrennt sind. Dadurch wird das Kostenproblem für den Haushalt akut und dringt so vom Rande der Wirtschaft her wieder in das Zentrum vor und macht auch dort den Haushalt der Kostenrechnung unterwürfig.

Und mir will scheinen, daß diese Auflösung, von einer anderen Seite her betrachtet, ihre Berechtigung erhält. Der Glaube an eine sachliche Bestimmbarkeit des Einkommens besteht nur dann zu Recht, wenn man den Menschen der Wirtschaft gegenüberstellt, wenn man die Wirtschaft als eine Maschine betrachtet, vor der der Mensch gewissermaßen steht und wartet. Dort, wo es Sklaven und Herren gibt, dort gibt es Einkommen; denn dort steht noch der Mensch als Herr der Wirtschaft gegenüber, er läßt für sich arbeiten. Das war noch die Situation, in der die Physiokraten das Einkommensproblem für die Wirtschaftstheorie entdeckten und eine Einkommenstheorie schufen; damals gab es Pächter und Besitzer, Herren, die die Wirtschaft für sich arbeiten ließen. An dieser Gegenüberstellung entstand die ganze Theorie von der Ableitung des Einkommens. Heute wissen wir, daß jeder Mensch in der Wirtschaft steht, Produzent und Konsument ist, aber wir haben die alte Einstellung atavistisch beibehalten. Mit der Erkenntnis jedoch, daß auch andere Tätigkeiten als nur die Landwirtschaft produktiv sind, haben wir langsam jedem Menschen Einkommen zuschreiben müssen und nicht gesehen, daß damit der Begriff Einkommen seinen historisch bestimmten Sinn verloren hat. Ursprünglich war der Begriff Einkommen die historische Bezeichnung einer Sache, es war eine sachliche Einheit; heute ist es die allgemeine Bezeichnung verschiedener Sachen, deren Einheit gegeben ist durch das menschliche Individuum, auf das sich die verschiedenen Sachen beziehen. Hierüber hat man sich ja nur hinweggetäuscht durch das Gerede davon, daß das Einkommen der Reinertrag der Wirtschaft sei oder, bezogen auf die einzelne Person, die Summe der Reinerträge. Es ist ja nur ein frommer Glaube, daß man den physiokratischen Einkommensbegriff nur zu modifizieren und zu sagen brauche, das Einkommen sei nicht der Reinertrag der Landwirtschaft, sondern der Reinertrag der Wirtschaft. Wenn nämlich Einkommen der Konsumtionsfonds sein soll, aus dem Menschen leben, so besagt die Erweiterung, die die englische klassische Schule zunächst vorgenommen hat, daß die Menschen nicht vom Reinertrag leben können. Denn die Vorstellung des Überschusses hatte nur so lange Wert, als dem Überschuß Menschen gegenüberstanden. Wenn alle Menschen produktiv sind, so bleibt nichts mehr übrig, wo der Überschuß hin soll. Mit anderen Worten, in einer Wirtschaft, in der alle Menschen an der Reinertragsproduktion beteiligt sind, kann dieser Reinertrag nicht der Konsumtionsfond sein, sondern der Überschußfond, der zu Neuanlagen usw. verwendet wird. Wenn man aber trotzdem nun von Einkommen spricht und den Konsumtionsfond damit meint, so ist dieser Konsumtionsfond der Anteil wirtschaftlicher Materie, der in menschliche Energie umgesetzt wird. Einkommen ist der Anteil des Umsatzes, der auf den einzelnen Menschen entfällt. Da nun andererseits der Reinertrag, grob gesprochen der Mehrwert der Produktion, auch auf den einzelnen Menschen irgendwie verteilt wird, so kann man diese beiden Dinge zusammenaddieren und erhält dann einen Summenbegriff Einkommen: Anteil am Umsatze + Reinertrag. Es geht ja auch garnicht an, den Lohn als Reinertrag bezeichnen zu wollen, er ist bestenfalls Ertrag, und wenn wir Ertrag und Reinertrag unter einem Wort zusammenfassen, so ist das kein Begriff einer einheitlichen Sache, sondern ein auf eine gegebene Einheit bezogener Inbegriff verschiedener Sachen.

Diese Feststellungen des historisch sich notwendig wandelnden sachlichen Inhalts des Einkommensbegriffes sind deshalb von Wichtigkeit, weil dem Begriff Einkommen so unendlich viel Bedeutung in der Wirtschaftstheorie und Wirtschaftspraxis zukommt. Er soll gewissermaßen die wichtigste wirtschaftliche Erscheinung bezeichnen, von deren Größe und Größenveränderung alles andere abhängig und bestimmbar ist. Nicht nur, daß das Einkommen Kriterium für die Besteuerung ist, es soll auch das Zeichen sein, an dem man die gesamte wirtschaftliche Entwicklung messen will.

Diese Bedeutung können wir dem Einkommensbegriff nach den eben gemachten Ausführungen nicht mehr in vollem Umfange zusprechen. Ein Kriterium für die Besteuerungsfähigkeit ist das Einkommen nicht mehr, weil wir erkennen mußten, daß das Einkommen des Staates kein abgeleitetes Einkommen ist. Ein Kriterium für die wirtschaftliche Entwicklung ist das Einkommen nur so weit, als wir annehmen können, daß der Begriff konstant geblieben ist. Die Konstanz des Begriffes hängt, wie wir sahen, davon ab, wie weit die Grenzfälle wirtschaftlicher Tätigkeit sich dem Einkommensbegriff unterordnen, d. h. einmal Geschäft und Person zu trennen sind und wie weit überhaupt die Grenzfälle einbezogen werden. Finden hier keine großen Verschiebungen statt, so hat ein allgemeiner Einkommensbegriff einen gewissen Wert. Jedoch nur unter folgender Voraussetzung: Erstens, daß, entsprechend der Erkenntnis der nur historischen Allgemeinheit, eine historische Situation restlos beschrieben wird, und zweitens, entsprechend der Vielheit des

Inhalts, aufgezählt wird. Dieser allgemeine Einkommensbegriff verdankt seine Existenz aber nicht der Theorie, sondern der historischen Erkenntnis und Überlegungen der Zweckmäßigkeit, daher ist er notwendig „umständlich".

Ist auf der anderen Seite aber die Tendenz festzustellen, diesen Einkommensbegriff dadurch aufzulösen, daß man von Zeit zu Zeit bisher nicht als Kosten betrachtete Ausgaben als Kosten absetzt, dann darf man sich nicht verhehlen, daß eine Zeit kommen wird, wo man den Einkommensbegriff als allgemeines Erkenntnis- und Ordnungsmittel aufgeben wird. Wenn wir uns dagegen sträuben, so tun wir es nur aus dem gewissen Vorurteil heraus, das ich oben schon behandelte. Dieses Vorurteil besteht zur Hauptsache darin, daß wir dann glauben, keine Kriterien mehr für die Besteuerung zu haben; es ist das Vorurteil, daß man die Steuern aus dem Einkommen zahlt, und daß der Staat nur von den Überschüssen der Wirtschaft lebt, weil seine Leistungen wirtschaftlich nichts wert sind. Geben wir diese Nachtwächterstaatsidee auf, dann sind die Steuern die Preise der wirtschaftlichen Leistung des Staates, und die Frage der Besteuerungsmöglichkeit, der höheren oder niederen Besteuerung ist nicht mehr eine Frage des Einkommens, sondern der Preis- und Kostengestaltung. Der Staat kann seine Steuern erhöhen, wenn er das Quantum an Leistungen erhöht, genau so wie ein Unternehmer mehr einnehmen kann, wenn er sein Quantum an Produkten vermehrt. Mit der Aufgabe der Nachtwächterstaatsidee können wir auch den Einkommensbegriff in seiner Bedeutung erheblich einschränken; er ist für die Besteuerung dann nur noch sekundär und technisch nötig. Denn wenn die Besteuerungsfrage eine Preisbildungs- und Kostengestaltungsaufgabe ist, dann hat der Staat gewissermaßen zu überlegen, einen wie großen Kostenbestandteil der Preis für staatliche Leistung für die Wirtschaft in den Kosten der Produkte ausmachen soll. Er wird jede Produktion zwingen, zu den üblichen Kosten noch einen Kostenbestandteil Staat einzufügen, und die Höhe dieses Kostenanteils nach dem wirtschaftlichen Minimum—Maximumprinzip bestimmen.

Wenn ich trotzdem am Einkommensbegriff als möglichen Begriff festhalte, so ist es in zwei Tatsachen begründet: 1. die Zersetzung ist noch nicht so weit, daß man praktisch gezwungen ist, auf den Begriff zu verzichten; 2. aus Besteuerungsgründen, finanztechnischen Gründen wird man um der Progression wegen die Aufsummierung der Einnahmen einer Person nicht entbehren können; 3. als statistischer Begriff gibt er die Möglichkeit, einen Ausschnitt aus den wirtschaftlichen Erscheinungen zu erfassen, der gewisse Schlußfolgerungen aus seinen Veränderungen zuläßt. Als statistischer Begriff, der einen Ausschnitt Lohn + Gewinn + Reinertrag erfaßt, tritt der konventionale Charakter deutlich zutage. Das heißt, es handelt sich bei der Festlegung desjenigen, was Einkommen ist, weniger um das Ergebnis theoretischer Analyse als um die Verständigung darüber, was man an verschiedenen wirtschaftlichen Erscheinungen zweckmäßigerweise zusammenaddiert und mit einem einheitlichen Namen bezeichnet.

Fassen wir zusammen: Konsequenterweise müßten wir sagen: Wenn wir den Begriff des Einkommens beibehalten wollen und wir die Aufgabe eines Begriffes darin sehen, dasjenige zu bezeichnen, was einheitlich erklärbar ist, dann stehen wir vor den folgenden Hauptunterscheidungen. Einkommen ist entweder der Reinertrag der Wirtschaft (ursprünglicher Kapitalzins), oder Einkommen ist das Entgelt der menschlichen Leistung. Denn beide Erscheinungen sind wirtschaftstheoretisch verschieden, d. h. beide sind aus für jeden Fall besonderen Prinzipien in ihrer Gestaltung abzuleiten und zu erklären, sie stehen und entstehen an verschiedenen Stellen im wirtschaftstheoretischen System.

Anderseits ist die Bezeichnung des individuellen Entgeltes als Einkommen wiederum auch nicht aufrecht zu erhalten. Denn es gibt kein eigentlich individuelles Entgelt in der modernen Wirtschaft mehr, oder anders formuliert: was heute als individuelles Entgelt noch gezahlt wird, ist nur die Bezahlung eines Teiles der Leistung der Arbeit. Der Arbeitsfaktor als wirtschaftlicher Faktor ist heute keine individuelle Einheit mehr, sondern zerfällt in die Posten: Leistung, Regeneration, Erschließung, Amortisation, Reproduktion oder was man sonst noch nennen kann. Diese einzelnen wirtschaftlichen Posten der Arbeit werden heute nicht mehr dem Individuum in Form des Lohnes einheitlich bezahlt, sondern weitgehend getrennt bezahlt (dies ist die ökonomische Seite der Sozialpolitik). Auf der anderen Seite kommt hierin zum Ausdruck, daß man für die Arbeitsseite oder Menschenseite der Wirtschaft immer stärker die Ertragsrechnung in Anwendung bringt und letztlich das, was dem Individuum gewissermaßen individual zur freien Verfügung noch gegeben wird, eben nur der Reinertrag der Wirtschaft ist. Also kommen wir zu dem Schluß: Einkommen ist entweder der Ertrag der Arbeit oder der Reinertrag der Wirtschaft. Der Ertrag der Arbeit ist dann aber nicht das individuelle Entgelt, sondern das, was überhaupt in der Wirtschaft an Kosten für Arbeit aufgewendet wird. Ertrag ist das Ergebnis der wirtschaftlichen Unternehmungstätigkeit, d. h. das Ergebnis der Bereitstellung eines Stückes Lebensmöglichkeit. Die Bereitstellung hat die Möglichkeit des integralen Vollzugs; wie groß das Stück vertikal herausgeschnitten wird, ist gleichgültig, der Erfolg ist ein Ertrag. Ertrag wird bezogen auf die wirtschaftliche Einheit: Unternehmung, und wenn wir den Ertragsbegriff auf die „Menschenunternehmung" der Wirtschaft anwenden, so gibt es hier nicht Ertrag der Arbeit, sondern Ertrag. Nur der Reinertrag schlechthin bliebe als empirisch feststellbarer Inhalt des Einkommenbegriffes übrig. Denn der Ertrag der Arbeit, der mehr ist als das individuelle Entgelt, ist nur abstrakt faßbar. Wenn man nun aus Zweckmäßigkeitsgründen und historischer Tradition Reinertrag und individuelles Entgelt, individuelle Einnahme für Anteilnahme an der Wirtschaft, zu einem Inbegriff, den man Einkommen nennt, zusammenfaßt, so faßt man erstens heteronome Bestandteile zusammen, und zweitens enthält er Bestandteile, von denen der eine allgemeingültig bestimmbar ist (der Reinertrag) und der andere nur historisch relativ zu bestimmen ist (das individuelle Entgelt).

Preis, Ertrag, Reinertrag sind die ökonomischen Kategorien; ökonomisch gesehen ist die Wirtschaft ein Preis-, Ertrags- und Reinertragsbildungsproblem. Am Begriff des Einkommens halten wir nur zweckmäßigerweise fest, nicht zuletzt deswegen, weil die eben behandelte Ökonomisierung des Menschen in der Wirtschaft noch im Werden ist. Mit steigender Ökonomisierung verschwindet der Einkommensbegriff, der noch ein Sammelbegriff ist, weil steigende Ökonomisierung die Herausstellung der einzelnen wirtschaftlichen Aufgaben hinsichtlich der Arbeit bedeutet und für dieses einzelne der Preis und der Ertrag errechnet wird. Solange es noch nicht ganz so weit ist — und auch aus anderen später zu behandelnden Gründen — hat es Zweck, das, was das einzelne Individuum an verschiedenen Erträgen noch direkt in einer Summe ausgezahlt erhält, als Einkommen zu bezeichnen und mit diesem Begriff noch zu operieren; nur über den relativen, konventionalen und heteronomen Inhalt dieses Begriffes muß man sich klar sein.

6. Die Regelmäßigkeit des Einkommens.

In der Diskussion des Einkommensbegriffes spielt das Merkmal der Regelmäßigkeit der Einkünfte eine Rolle, und zwar gibt es hierüber noch verschiedene Auffassungen. Hauptsächlich wird jedoch einmal hervorgehoben, daß nur regelmäßig zu erwartende Einkünfte als Einkommen zu betrachten sind, das andere Mal, daß nur Einkünfte aus regelmäßig fließenden Quellen in Frage kommen.

Es ist durchaus nicht so leicht, hier anzugeben, wie weit in dieser Charakterisierung der Einkünfte etwas Richtiges hervorgehoben wird. Es handelt sich um die Frage, ob ein Einkommen etwas Stabiles oder relativ Stabiles ist. Gehen wir dabei vom einzelnen Menschen aus, von den vorkommenden individuellen Einkommen, so muß festgestellt werden, daß das Einkommen durchaus nicht stabil ist. Eigentlich gibt es so etwas wie Stabilität, regelmäßiges Einkommen nur bei den Beamten. Schon der Arbeiter hat unregelmäßiges Einkommen, das unregelmäßiger wird, je größer die Saison- und Konjunkturschwankungen sind. Dies trifft auch für die ganze große Masse des Einkommens zu, das aus gewerblicher Tätigkeit stammt. Genau so ist es mit den regelmäßig fließenden Quellen; was in dem einen Jahr Ertrag abwirft, wirft in dem anderen Jahre keinen Ertrag ab. Auch hier ist nur der Staat auf Grund seiner Zwangsbeiträge eine verhältnismäßig regelmäßige „Einkommensquelle".

Wenn man nun sagen würde, daß diese jährlichen Schwankungen nicht in Frage kommen, sondern es darauf ankommt, daß im großen und ganzen, über die Zeit hin betrachtet, man doch feststellen könne, was das regelmäßige sei, daß man sich doch eine Durchschnittsvorstellung machen könne, so wird damit das Problem der Regelmäßigkeit aber auf eine ganz andere Ebene verschoben. Denn dann sagt man, daß dem einzelnen Einkommen nicht anzusehen ist, ob es regelmäßiges Einkommen ist, sondern daß dies nur im großen und ganzen — dies ganz wörtlich genommen — festzustellen zu sei.

Hiermit bezeichne ich meines Erachtens den springenden Punkt. Es ist gar kein Zweifel daran, daß Einkommen etwas Stetiges ist, die Schwierigkeit besteht nur darin, woran man feststellen kann, ob das konkrete Einkommen diesem Prinzip der Stetigkeit entspricht. Daß Einkommen etwas Stetiges ist, ergibt eine kurze Überlegung über die Aufgabe der Wirtschaft. Handelt es sich hier um eine Ordnungsaufgabe, und zwar auch um eine Aufgabe, die für die Dauer, also zeitlich, Ordnung zu schaffen hat, ist weiterhin die Ordnung der Dauer nur dann gegeben, wenn jeder kommende Zustand sich aus dem Vorhergehenden entwickelt, so kann es sich hierbei nur um die Aufgabe handeln, einen stetigen Zustand zu schaffen, besser noch einen stetigen Entwicklungszustand. Infolgedessen würden, im ganzen gesehen, die Veränderungen des Einkommens nicht groß sein, müßte das Einkommen stetig sein, eine stetige Größe darstellen. Aber ganz deutlich muß hervorgehoben werden, daß dies nur mit Hinblick auf das Ganze der Fall zu sein braucht. Im einzelnen kann sich die Größe verändern, wenn sich diese Veränderungen nur im ganzen ausgleichen.

Wenn wir sagen, daß im einzelnen Veränderungen des Einkommens vorkommen können, so müssen wir untersuchen, worin diese Veränderungen bestehen können. Gehen wir davon aus, daß wir sagen, jemand habe ein höheres Einkommen bezogen, als ihm zusteht, und geben wir auf der anderen Seite zu, daß im großen und ganzen das Einkommen in der gesamten Volkswirtschaft eine feststehende Größe ist, d. h. relativ feststehend. Dies besagt, daß das Wachstum des Einkommens abhängig ist von der Größe des allgemeinen Entwicklungskoeffizienten und des Koeffizienten des technischen Fortschrittes. Sehen wir jedoch von diesem ab, und halten uns zunächst nur an das erstere, so bedeutet Einkommenerhöhung über das Zustehende hinaus, daß irgendwo Einbußen eingetreten sind. Die beiden Möglichkeiten der Einbuße sind entweder Einkommens- oder Vermögenseinbuße. Die Vermögenseinbuße kann natürlich auch eine gewollte Vermögensübertragung sein.

Worauf es hier ankommt ist, zu erkennen, daß jedes einzelne Einkommen als individuelles Einkommen, weil eben die Einheitlichkeit der individualistisch organisierten Wirtschaft nur eine Einheit im großen und ganzen ist, irgendwie an den Friktionen beteiligt ist. Das regelmäßige Einkommen ist eine Fiktion, unter der die Einkommensgestaltung als ideale steht, stehen muß, dem aber niemals das individuelle konkrete Einkommen zu entsprechen braucht und auch nicht entspricht. Mit anderen Worten: dem individuellen Einkommen ist nicht anzusehen, ob es wirklich Einkommen oder nicht Einkommen im Sinne der Stetigkeit ist. Kein Mensch weiß im Augenblick, ob seine Einkünfte mit Hinblick auf das Ganze wirklich Einkommen aus der Wirtschaft sind. Darüber belehrt ihn erst die Krise, und die Krisenanzeichen werden ihn zu einer Revision seiner Rechnung veranlassen.

Nur dort, wo die Vermögensübertragung ganz deutlich ist, wird man den Nichteinkommenscharakter von Einkünften erkennen. Das sind die Fälle, wo es sich um Schenkungen, Erbschaften handelt. Diese müssen aus dem Einkommensbegriff fortbleiben, weil es sich hier nicht um Einkünfte als Entgelte für wirtschaftliche Leistungen handelt. Aber unzählige andere „Schenkungen“ wird man nicht erfassen können, obgleich sie überall im Einkommen stattfinden. Schon bei den sogenannten Spekulationsgeschäften ist es nicht ohne weiteres gesagt, daß es sich um einen Gewinn aus der Ausnutzung von Friktionen handelt. Die Wertsteigerung kann durch die Entwicklung gebracht sein, der Reinertrag des Verkaufs einer Aktie Ergebnis der Gesamtentwicklung sein, wie der Reinertrag aus dem Verkauf einer jeden anderen Ware; er kann aber auch das Ergebnis eines Vermögenszuwachses sein, der dadurch entstanden, daß ein anderer sein Vermögen verloren hat. Ansehen kann man es dem Ertrag nicht (dies wurde zum Teil schon oben unter anderem Gesichtspunkt bei der Darstellung des Quasieinkommens behandelt).

Hier werden wir jedoch noch auf einen besonderen Punkt, den wir bisher noch nicht behandelt haben, aufmerksam gemacht. Greifen wir noch einmal das Beispiel der Gewinne aus Veräußerungsgeschäften auf, die ja hinsichtlich der Wertpapierverkäufe und der Grundstücksverkäufe eine besondere Rolle in der Einkommensdiskussion spielen. Was wir bisher festgestellt haben ist, daß diese Gewinne Friktionsgewinne sein können, Gewinne, wie sie bei jeder geschäftlichen Transaktion vorkommen können. Darin dürfen wir keine Schwierigkeit sehen, daß diese Geschäfte Gelegenheitscharakter haben, nicht regelmäßig sich vollziehen, sie besteht vielmehr, äußerlich gesehen, darin, daß es sich hier um einen Gewinn handelt, der aus Preissteigerung entsteht, die nur auf der Mitwirkung der Zeit gewissermaßen beruht. Hier entsteht offenbar ein Gewinn, ohne daß eine gewinnbringende besondere Tätigkeit notwendig ist. Es handelt sich demnach hier nicht um Einkommen, und man kann scheinbar nicht ohne weiteres sagen, daß nach langer Zeit durch Verkauf realisierbarer Gewinn als durch die Zeit akumuliertes Einkommen zu betrachten ist. Vielleicht läßt sich der Schwierigkeit durch einige — notgedrungen ganz kurze — theoretische Überlegungen beikommen. Der Reinertrag der Wirtschaft beruht auf der Entwicklung der Wirtschaft, ist der Koeffizient des Zuwachses. Auf diesen Zuwachskoeffizienten ist die Stetigkeitsaufgabe eingestellt.

Die Ertragsrechnung hat also gewissermaßen auch die Aufgabe, nicht nur für stetigen Ertrag, sondern stetigen Zuwachs zu sorgen. Mit anderen Worten: soll der Ertrag eine stetige Größe sein, so muß das Vermögen wachsen. An einem Beispiel deutlich gemacht: Soll eine Unternehmung einen bestimmten Reinertrag haben, so ist die Aufgabe nicht dann gelöst, wenn nach einem Jahre dieser bestimmte Reinertrag erzielt ist, sondern wenn diesem Reinertrag eine bestimmte Vermögenszunahme parallel geht. Denn im anderen Fall würde eine Unternehmung im Rahmen der Gesamtentwicklung, des Wachstums an relativer Bedeutung verloren haben; sie würde mit dem Wachstum der gesamten Wirtschaft nicht Schritt gehalten haben. Dies ist jedoch nur die eine Möglichkeit, die dann in Anwendung kommt, wenn man keine Variation vornimmt. Was ich eben ausführte, lief darauf hinaus, daß Reinertrag in der Unternehmung wieder angelegt werden muß, Reinertrag nicht abgeschöpft werden kann. Dies geschieht praktisch in der Unternehmung bei der Bilanzierung durch Abschreibungen, die nicht der Abnutzung entsprechen und Minderbewertung der Aktivposten. Die Regel für die Wirtschaft ist aber die statische Behandlung des Ertragsproblems, d. h. Kapitalerhaltung und Ausschüttung des Reinertrags, so daß er Einkommensform annimmt. Der Vermögenszuwachs wird der individuellen Anlage überlassen, um den notwendigen Übergang zu neuer Tätigkeit der Wirtschaft zu ermöglichen. Es kommt also, vom ganzen aus gesehen, nicht darauf an, daß an bestimmten Fällen etwas zuwächst, Neuanlagen erfolgen, sondern daß sie überhaupt erfolgen. Das Gesamtvermögen muß sich vermehren.

Vom einzelnen Individuum aus gesehen bedeutet also die Aufgabe der Stetigkeit in der Entwicklung so viel wie Vermögensvermehrung, Sicherung der stetigen Bedeutung, d. h. also Zunahme des Vermögens relativ der Entwicklung. Daß, konkret gesehen, diese Einstellung nicht da ist, sondern die andere, die statische Erhaltung des Vermögens vorherrscht, ist eine soziologisch interessante Tatsache, steht aber nicht im Widerspruch mit dem eben Ausgeführten. Diese Einstellung auf Sicherung der stetigen Bedeutung hat sich nun das Mittel des Akkumulators gewissermaßen geschaffen. Dies tut man, indem man sein Vermögen nur nominal im Geschäft festlegt; die Aktie ist eine Objektivierung nicht des Vermögenswertes, sondern des Vermögensanteils. Man erwirbt mit der Aktie ein Stück des Geschäftes, einen dauernd gleichgroßen Anteil des Geschäftes, dessen Vermögen sich ändern kann.

Realisiert man nun eine Aktie durch Verkauf und erzielt einen höheren Preis als man ursprünglich gezahlt hat, so erhält man in diesem Mehr einen nicht Reinertrag gewordenen Ertrag, wenn wir hier Differentialgewinne einmal ausschalten dürfen. Eine Aktie zu 100 gekauft, nach einem Jahre zu 150 verkauft, besagt, daß in der Unternehmung eine Vermögensaufspeicherung stattgefunden hat.

Nun ist zu beachten, daß der Boden dieselbe Eigenschaft hat, Vermögensabschnitte darzustellen. Die Aktie ist die imaginäre, abstrakte Art, Vermögen in Abschnitte zu teilen, der Boden ist die reale Methode, Vermögen in Abschnitte zu zerlegen. Vielleicht kann man es so ausdrücken: Das Vermögen verteilt sich über die Fläche Boden und braucht die Fläche Boden; wenn es die Fläche Boden braucht, so besteht zwischen Boden und Vermögen eine Beziehung. Der Anteil Bodenfläche trägt eine bestimmte Größe Vermögen, und die Sicherung eines Bodenanteiles sichert einen Vermögensanteil. Wie der Boden aufgeteilt wird, wird das Vermögen aufgeteilt. Boden objektiviert nicht das Vermögen sondern einen Anteil am Vermögen, genau wie die Aktien. Wird ein Stück Boden mit Gewinn verkauft, so ist er gleichbedeutend mit dem Verkauf eines Geschäftsanteiles, und der Mehrgewinn ist akkumulierter Reinertrag. Man darf nicht dagegen einwenden, daß der Mehrerlös einer Aktie darauf beruht, daß ein Geschäft wirklich betrieben worden ist, während der Mehrerlös bei einem Grundstück gewonnen werden kann, das gänzlich brach und unbenutzt gelegen haben kann. Ein solcher Einwand verkennt die Bildung des Reinertrages in der Wirtschaft. Wenn eine Gesamtwirtschaft sich entwickelt, entsteht an allem Vermögen Reinertrag, dann hat alles Vermögen an der Entwicklung Anteil, wenn es eben wirtschaftliches Vermögen ist. Nur darin besteht ein Unterschied; dort, wo Umsatz ist, kann der Reinertrag ausgeschüttet werden, dort, wo kein Umsatz stattfindet, akkumuliert er sich bis zum Umsatz.

Mit diesen Ausführungen ist über den Gewinn aus Veräußerungsgeschäften von Vermögen natürlich bei weitem nicht alles gesagt. Worauf es mir hier ankam war, zu zeigen, daß es in der Volkswirtschaft noch Einkommen, d. h. Reinertrag gibt, der weder Einkommen wird, noch Quasieinkommen wird, sondern der sich versteckt und nur dann zum Vorschein kommt, wenn die Vermögenstitel gelegentlich veräußert werden. Der Gewinn bei Grundstücksverkäufen, Aktien usw. kann echten Reinertrag darstellen, daneben kann in ihm Differential-

und Friktionsgewinn stecken, wie auch, vom ganzen her gesehen, noch ein reiner Geschenksgewinn, wenn anderswo ihm Verluste gegenüberstehen. Mit anderen Worten, im konkreten Fall wird man nicht unterscheiden können, welche von diesen Möglichkeiten der Annahme zutrifft, sie können alle gleichzeitig zutreffen.

Wir können also sagen, daß ein Einkommensbegriff nicht präziser, d. h. eben nicht stetiger sein kann als die Wirtschaft selbst. Jeder Einkommensbegriff, wie er auch sei, hindert nicht die große Täuschung, der auch die Wirtschaft als solche ausgesetzt ist, und die in Krisen sich entlädt.

Folgendes gibt aber noch zu überlegen: finden in einem Jahre sehr viele Grundstücksverkäufe und sehr viel Vermögensverkäufe statt, so äußert sich dies in der Gesamtsumme durch eine Zunahme der Einnahmen, des Einkommens im ganzen. Umgekehrt geht es, wenn eine Stabilität des Besitzes sich breitmacht. Diese Feststellung besagt nichts anderes, als daß über die wirkliche Einkommensbildung in einer Volkswirtschaft nichts auszusagen ist, wenn man nicht die Vermögensbildung gleichzeitig feststellt.

7. Volkseinkommen.

Jetzt sind wir soweit, den Begriff des Volkseinkommens zu behandeln, und zwar tun wir es ausgehend vom Inbegriff Einkommen. Wir setzen Volkseinkommen gleich Summe der Einkommen, Aufsummierung der gezahlten individuellen Entgelte für menschliche Leistungen und des den Menschen zufallenden Reinertrags der Wirtschaft. Daß dieses Festhalten am Einkommensbegriff einen gewissen Zweck hat, wird zu zeigen sein.

Die erste Schwierigkeit[1], die sich gleich ergibt, ist die Schwierigkeit, die in dem Worte Volk steckt. Was ist das Volk, das das Einkommen bezieht? Oder darf man nicht von den Personen ausgehen, sondern muß das Land nehmen, das Einkommen einer Volkswirtschaft? Es ist doch sowohl der Fall, daß Einkommen entsteht außerhalb der Volkswirtschaft, aber in die Volkswirtschaft eingeht, wie auch umgekehrt, daß Einkommen in der Volkswirtschaft entsteht, aber ausgeführt wird. Ge-

[1] Auf die Frage, wie weit statistisch-technisch die Probleme zu lösen sind, wird hier nicht weiter eingegangen. Auch wird hier nicht endgültig untersucht, ob der Volkseinkommensbegriff überhaupt verdient, daß man die Problemstellung zu verschärfen sucht.

hört nun beides nicht zum Volkseinkommen, oder nur das eine, und das andere nicht? Ich glaube, hier gibt es nur eine Möglichkeit: Volkseinkommen ist die Summe der individuellen Einkommen und der nicht Einkommen gewordenen Reinerträge, sowie versteckten Einkommen, die innerhalb der Grenzen eines Landes vorkommen und im Lande bleiben, bzw. wenn sie nicht ins Land kommen, im Auslande angelegt werden (dann sind es Enklaven im Auslande). Ob das Einkommen Entgelt für außerhalb geleistete Tätigkeit oder auswärts verdienter Reinertrag ist, sobald es über die Grenze des Landes tritt, gehört es zum Volkseinkommen, ist dieser Volkswirtschaft zuzurechnen. Abzuziehen ist mithin bei der Auffummierung dieser Einkommen und Reinerträge nur der Reinertrag, der an das Ausland abgeführt wird, d. h. die Zinszahlung an das Ausland z. B. und die Kapitalrückzahlungen bzw. die Rückzahlungsverpflichtung. Hier zeigt sich die Bedeutung des Kredites. Der ausländische Kredit ist, soweit er zu Lohnzahlungszwecken benutzt ist, abzuziehen vom Volkseinkommen, nicht weil dieses Einkommen aus Kredit kein Einkommen ist, sondern weil die mit diesem Kapital arbeitenden Unternehmungen fremde Enklaven sind. Mir erscheint es durchaus zweifelhaft, ob diese Präzisierung des Volkseinkommenbegriffes notwendig ist. Im Hinblick auf die noch zu behandelnde beschränkte Geltung des Einkommenbegriffes erscheint es überflüssige Exaktheit zu sein; ein Begriff verdient nicht mehr Arbeit an ihm, als er an Erkenntnis leistet, und diese Leistung ist im Falle des Volkseinkommenbegriffes sehr gering.

Ist damit äußerlich die Grenze dessen abgesteckt, was man zusammenaddieren kann, so kommt jetzt die Frage, was nun in diesem Bereich zusammen zu addieren ist, um das Volkseinkommen zu erhalten. Wenn man ganz konsequent sein wollte, so dürfte man nur die Summe von Einkommen bilden, wo Einkommen wirklich vorkommt als Geldeinkommen. Das liegt aber nicht im Begriff des Volkseinkommens, wie es auch nicht im Begriffe des Einkommens liegt. Der Begriff des Einkommens ist, wie oben ausgeführt, ein intentionaler Begriff, zwingt dazu, überall, wo Menschen irgendwie in den Bereich der Wirtschaft hineinkommen, und sie kommen alle irgendwie damit in Berührung, dort auch Einkommen anzunehmen. Volkseinkommen ist das Einkommen aller Menschen eines Volkes im vorher bestimmten Sinne. Irgendwie haben alle Einkommen; die Schwierigkeit besteht mit darin, daß diese Masse der Individuen nicht eine homogene Masse aus einzelnen Individuen ist, sondern aus Einzelindividuen und Gruppenindividuen besteht. Haushalt kann ein einzelner wie auch eine Familie sein. Es wäre leicht, die Personen, die Einkommen haben müssen, zu bestimmen, wenn man sagen könnte: Es sind diejenigen, die irgendwie selbständig haushalten, oder noch allgemeiner: Alle diejenigen haben Einkommen, die selbständig leben, allen diesen ist Einkommen zu unterstellen. Damit wären alle Personen untergebracht, einem Einkommen zugerechnet, könnten einem Einkommen zugerechnet werden. Träger des Einkommens wären einzelne und Familien. Es geht aber nicht aus dem Grunde, weil die Familie nicht Haushaltsgemeinschaft ist, in der einer für Einkommen sorgt, sondern eine Familie kann Haushaltsgemeinschaft mehrerer Einkommensträger sein. Dadurch, daß jemand zu einer Familie gehört, braucht er mithin noch nicht aus der Summe der Einkommensträger auszuscheiden.

So leicht es also aussehen mag, das Volkseinkommen als Summe der Individualeinkommen zu bezeichnen; die Summe der Individuen macht große Schwierigkeiten. Wir müssen Einkommen unterstellen, um die Summe des Volkseinkommens zu bilden, können aber nicht die Grenze bestimmen, wie weit wir gehen sollen. Unterstellen wir jedem Einkommen, dann müssen wir auch dem Säugling Einkommen zusprechen, was widersinnig ist; scheiden wir die im Familienhaushalt lebenden Mitglieder aus, dann gibt es sehr viele Fälle, wo Einkommen, wenn auch kein selbständiger Haushalt, ausgeschaltet ist. Was diese Überlegung bedeutet, mag ein Beispiel zeigen: In einer bäuerlichen Wirtschaft sind die Familienmitglieder gleichzeitig Mitarbeitende; sie erhalten jedoch keinen Lohn, sondern werden vom Familienoberhaupt unterhalten. Ferner ist der bäuerliche Haushalt nur in bezug einiger weniger Lebensäußerungen mit der Wirtschaft als Geldwirtschaft verbunden. Eine solche Wirtschaft soll also in die Volkseinkommenserfassung mit einbezogen werden. Wer hat hier Einkommen, und was ist das Einkommen? Es handelt sich u. a. darum: Ist das, was der Wirtschaftsleiter seinem Sohne gibt, Entgelt für Leistung, oder ist es Entgelt für Leistung und außerdem noch ein Zuschuß aus seinem Einkommen? Auf der anderen Seite können wir dies nicht feststellen, ohne die erste Frage beantwortet zu haben, die aber wiederum die Beantwortung der zweiten voraussetzt, was ist das Einkommen des Leiters, wenn wir nicht wissen, ob das, was er abgibt, Entgelte, also Kosten sind oder abgeleitetes Einkommen darstellt. Man könnte versucht sein, zu sagen, es ist ja gleichgültig; wenn wir in dem einen Falle das Einkommen des einen zu niedrig ansetzen, so ist es im anderen Falle höher. Dies ist jedoch ein Trugschluß. Das Volkseinkommen ist irgendwie Ausdruck der Leistung der Volkswirtschaft; wenn wir die Summe des Einkommens bilden, so drücken wir in dieser Ziffer die Leistung der Gesamtheit, die Leistung derjenigen, die etwas leisten, aus. Das heißt, die Summe des Volkseinkommens als absolute Ziffer hat gar keinen Wert, es sei denn, wir setzen sie in Beziehung zur Zahl derer, die dieses Volkseinkommen geleistet haben. Auch folgendes zeigt deutlich, daß es durchaus nicht gleichgültig ist, wie man die Unterscheidung, ob Einkommen oder nicht Einkommen, trifft. Wenn ein Sohn von seinem Vater einen Wechsel erhält, so könnte man sagen, es ist ja gleichgültig, ob man dies als Einkommen betrachtet hinsichtlich der Gesamtsumme. Setzt der Vater es von seinem Einkommen ab, so hat der Sohn das Einkommen. Stellt man nun aber der Gesamtsumme der Einkommen die Zahl der Einkommensträger gegenüber, so ist die Zahl größer, d. h. das durchschnittliche Einkommen wird kleiner, oder der Durchschnittspreis der menschlichen Leistung für die Wirtschaft niedriger. Fassen wir zusammen: Einkommen sind wenigstens teilweise die Entgelte für die Leistung in der Wirtschaft. Wo diese Entgelte in Geld bestehen und Trennung von Geschäft und Haushalt vorliegt, dort bestehen geringe Schwierigkeiten. Da nun aber das Volkseinkommen festgestellt werden soll, müssen alle Menschen in den Einkommensbegriff eingefangen werden. Hier ist jedoch die große Schwierigkeit, daß man die Entgelte nicht feststellen kann, wo keine eigentliche Wirtschaftsführung und Trennung von Haushalt und Geschäft vorliegt und Hausgemeinschaft als Werkgemeinschaft besteht. Ob wir hier den Entgelt, das Einkommen nur auf den Wirtschaftsleiter beziehen oder auf die Mithelfenden verteilen, mag für die Gesamtsumme gleich sein; aber es ist nicht gleichgültig, ob das Volkseinkommen eines Landes die Leistung von einer Million oder zwei Millionen ist. Die Unterstellung des Einkommensbegriffes ist also nicht ein Problem nur, die wirtschaftliche Rechnung auf Gebiete zu übertragen, wo sie noch nicht in Anwendung gekommen ist, sondern in diesen Gebieten auch zu bestimmen, was wirtschaftliche Leistung, was nicht wirtschaftliche Leistung ist. Mit Analogie der Industrie z. B. kommt man in der bäuerlichen Landwirtschaft nicht aus, weil manche Leistung qualitativ eben unvergleichbar ist. Der Analogieschluß, ob es sich um Entgelt oder nicht Entgelt handelt, ist nur in dem Falle gegeben, wo — wie oben gezeigt — es sich darum handelt, ob eine Einnahme Entgelt ist, wenn diese Einnahme sich als regelmäßige Bezahlung erweist. Wo aber diese Anerkennung überhaupt noch nicht vorliegt, dort ist die Unterwerfung unter den Einkommensbegriff eine überaus komplizierte Aufgabe, die in ihrer Lösung die Folge hat, die Bedeutung des Volkseinkommens wesentlich zu bestimmen. Ich bin nicht in der Lage, hier irgendwie positiv etwas anzugeben, nach welchem Prinzip man dort verfahren soll, Einkommen und abgeleitetes Einkommen — um es so auszudrücken — zu unterscheiden, wo überhaupt die Wirtschaft sich noch nicht oder nur teilweise in Form der Geldrechnung vollzieht.

Nehmen wir an, daß die Summe der Individualeinkommen eines Volkes sich ermitteln ließe und die eben behandelten Schwierigkeiten zu beheben wären. Dann dürfte jedoch die Summe noch nicht als das Volkseinkommen behandelt werden. Zu der Summe der Individualeinkommen wären Zuschläge und Abzüge zu machen. Zuschlagen zum Individualeinkommen müßten wir das nicht die Einkommensform annehmende Einkommen. Das wären einmal die Reserven der Geschäfte, d. h. das Einkommen, das nicht ausgeschüttet ist oder ausgeschüttet werden kann. Weiterhin den direkten Vermögenszuwachs, der darin besteht, daß der Reinertrag schon im Entstehen angelegt wird, gar nicht erst die Reservebildung abwartet. Hierzu sei folgendes kurz bemerkt: Wenn wir diesen direkten Vermögenszuwachs nicht einbeziehen, dann müßten wir falsch schließen, daß ein Rückgang der Profitrate, des Durchschnittszinses einen Rückgang des Volkseinkommens, etwas Ungünstiges, bedeutet. Ein Rückgang des Zinses ist aber ein günstiges Entwicklungszeichen; nun bedeutet aber Rückgang des Durchschnittszinses Verringerung des Einkommens der Aktionäre usw., mithin müßte das Volkseinkommen zurückgehen, wenn nicht auf der anderen Seite eine Kurssteigerung der Aktien parallel geht, die eben besagt, daß eine Vermögensvermehrung stattgefunden hat, ohne daß diese durch die Einkommensform gegangen ist. Zuschlagen zum Volkseinkommen müssen wir ferner die Sozialleistungen, soweit sie vom Geschäfte getragen werden. Dies sind Entgelte für die menschliche Leistung, die nicht mehr die Einkommensform Lohn annehmen, aber früher im Lohn steckten.

Auf der anderen Seite sind von der Summe des Volkseinkommens als Individualeinkommen abzuziehen die Quasieinkommen. Das sind erstens die in der Form des Einkommens stattfindenden Vermögensverschiebungen und die in der Form des Einkommens stattfindenden Vermögensaneignungen. Diese Posten sind gar nicht so klein, aber kaum festzustellen. Ich wies darauf hin, daß das Einkommen der Staatsbeamten bei hoher Besteuerung leicht zum Teil Vermögensaneignung ist. Auf der anderen Seite sind die Gewinne der Geschäfte nicht ganz Reinertrag, sondern auch Vermögensaneignung, weil Friktionsgewinne.

Diese Aufgabe ist nur dadurch zu lösen, daß man gleichzeitig die Veränderungen des Volksvermögens erfaßt. Wieviel man von dem Einkommen abzusetzen hat als Vermögensverschiebung bzw. Vermögensaneignung bzw. umgeleitete Kapitalreproduktion, das zeigt vielleicht die Veränderung des Volksvermögens.

Jetzt müssen wir die Frage aufwerfen: Welchen Sinn hat dieser Begriff des Volkseinkommens? Die Beantwortung dieser Frage hängt von einer anderen ab, nämlich der: Welchen Sinn hat die Ermittlung des Einkommens? Das Einkommen bestimmt die Bedeutung des Einkommensträgers in der Wirtschaft, so können wir ganz allgemein sagen. Es bestimmt seine Lebensmöglichkeit nach zwei Seiten hin, nach der Seite der unmittelbaren Lebensmöglichkeit und nach der der Entwicklungsmöglichkeit. Dürfen wir nun folgern: Mit dem Volkseinkommen erfassen wir die Lebensmöglichkeit eines Volkes? Nein. Für das Volkseinkommen fehlt die Vergleichsmöglichkeit. Das Einkommen ist Anweisung eines Anteils, und die Größe des Anteils ist das Kennzeichen für die Bedeutung; man kann es mit anderen Anteilen vergleichen. Das Volkseinkommen ist Zuweisung aller Anteile, Zuweisung des Gesamten, und die absolute Ziffer sagt gar nichts darüber, was diese Gesamtsumme bedeutet. Sie mag noch so hoch, noch so niedrig sein, das Volkseinkommen läßt keinen Schluß auf die Gesamtleistung zu, läßt keinen Schluß zu, ob die Lebensmöglichkeit groß oder gering ist.

Wir bemerkten oben schon einmal, daß der Begriff des Volkseinkommens ein reiner Summenbegriff ist, ein Begriff von etwas, was überhaupt nicht da ist. Das besagt aber nichts dagegen, daß man diesen Begriff als Hilfsbegriff gewissermaßen nicht bilden darf, daß die Aufsummierung nicht zweckmäßig ist. Die Frage ist nur, welchem Zwecke sie dient, und, soviel ist klar, der Volkseinkommensbegriff hat einen anderen Zweck als der Begriff des Einkommens. Mit Einkommen — ich lasse es vorläufig dahingestellt, ob dieser Begriff wirklich noch aufrechtzuerhalten ist — wollen wir ein bestimmtes wirtschaftliches Phänomen bezeichnen, das der Eingliederung des Menschen in den wirtschaftlichen Prozeß, die Einordnung des Menschen in die Wirtschaft. Die Gesamtheit wird jedoch nicht eingeordnet; sie ist das zu Ordnende. Das Einkommen bezeichnet ein Ordnungsproblem; das Volkseinkommen ist kein Problem. Ich sagte schon einmal, daß man trotzdem den Begriff Volkseinkommen bilden kann. Wenn er uns auch nur ein Wissen um eine Summe gibt, so ist die Summenbildung doch ein Hilfsmittel zu weiteren Erkenntnissen. Bevor wir aber hierauf eingehen können, muß etwas anderes noch geklärt sein. Wenn wir diese Summe bilden und das Volkseinkommen im Laufe der Zeit wiederholt feststellen wollen, so ist es unbedingt notwendig, daß der Begriff des Einkommens feststeht. Bei jeder statistischen Beobachtung ist eine Variation der Merkmale ausgeschlossen, macht eine Variation der Merkmale eine fortlaufende Beobachtungsreihe unmöglich. Wenn nun, wie wir oben ausführten, der Begriff des Einkommens einem stetigen Zersetzungs- und Auflösungsprozeß unterliegt, wenn gewissermaßen das, was unter Einkommen verstanden wurde, immer kleiner wird, so ist jede neue Feststellung der Summe mit der vorhergehenden prinzipiell unvergleichbar. Ziehen wir hieraus die Konsequenz: Wenn wir irgendwie fortlaufend das Volkseinkommen beobachten wollen, so dürfen wir nicht von demjenigen ausgehen, was sich als Einkommen bezeichnet, sondern müssen einen Inbegriff Einkommen mit allen notwendigen Merkmalen festlegen. Dies ist eine sehr umfassende Aufgabe, die alles mögliche festzulegen hat, z. B. was von den Sozialabgaben hinzuzurechnen ist, wie die Naturalbezüge zu behandeln sind, wie die Ertragsrechnung und Einkommensermittlung in den freien Berufen durchzuführen ist usw. Mit anderen Worten: Es ist weitgehendst dem Rechnung zu tragen, daß Einkommen als Inbegriff eine Konvention ist, also nicht erkannt werden kann, sondern festgelegt werden muß. In diesem Begriff fassen wir alle möglichen verschiedenen wirtschaftlichen Erscheinungen zusammen, nicht weil *sie* eine Einheit bilden, sondern weil *wir* diese Einheit bilden wollen, um aus dieser Summe etwas festzustellen.

Wenn dies möglich ist und der Fall ist — was ich leise in Zweifel ziehen möchte hinsichtlich der Exaktheit —, dann können wir jetzt sagen, welchen Zweck der Begriff des Volkseinkommens hat. Er bezeichnet die Summe, die wir bilden müssen, um *relative Zahlen bilden zu* können. Das Volkseinkommen dient dem Zwecke, die Relativität des Einkommens deutlich zu machen. Dies wird deutlich an folgendem Beispiel: Wenn ich sage, mein Einkommen ist gestiegen, so ist das eine deutliche Aussage; sage ich, unser Volkseinkommen ist gestiegen, so ist damit nichts gesagt, nach welcher Richtung hier eine Entwicklung gegangen ist. Das Volkseinkommen als Summe kann steigen, der Summe der Bevölkerung kann es dabei schlechter gehen. So lange ich diese Summe nicht in Beziehung zu irgend etwas anderem setze, hat die Veränderung der absoluten Ziffer keinen eindeutigen Charakter.

Jetzt ist die Frage aufzuwerfen, welche Möglichkeit der Relativierung es gibt, so daß man zu einer Maßzahl kommt. Ich kann hier nicht alle Möglichkeiten erörtern, sondern muß mich beschränken, vorhandene Fälle zu analysieren. Folgende Fälle möchte ich herausgreifen:

1. Beziehung auf einen Raumausschnitt;
2. Beziehung auf einen Zeitabschnitt;
3. Die Aufgliederung.

Unter Beziehung auf einen Raumausschnitt ist die internationale Vergleichbarkeit zu verstehen. Ich kann das Volkseinkommen Deutschlands mit dem Volkseinkommen Englands vergleichen und aus dem Unterschiede irgendwelche Folgerungen ziehen. Diese sehr gebräuchliche Relativierung halte ich für die gefährlichste und unzulässigste. Ist schon der Begriff des Einkommens für ein Land nicht festlegbar, hat jedes Land seinen eigenen Individualitätscharakter hinsichtlich der physischen Personen, hat jedes Land sein eigenes Preissystem und mithin Einkommenssystem, so ist das einzig Identische zwischen den Volkseinkommen zweier Länder nur der Name!

Die Beziehung auf einen Zeitabschnitt bezeichnet die Vergleichung einer späteren Erfassung mit einer früheren Erfassung. Diese ist zunächst daran gebunden, daß der Begriff des Einkommens sich nicht verändert. Angenommen, dies sei der Fall; was kann dann z. B. daraus geschlossen werden, daß das Volkseinkommen im späteren Zustand größer geworden ist? Zunächst wird es nötig sein, hier eine Beziehungsmöglichkeit zu suchen. Ob das Volkseinkommen wirklich größer geworden ist, zeigt sich, wenn wir ein Durchschnittseinkommen ermitteln, das Einkommen in Beziehung setzen zur Bevölkerung. (Auf die Geldwertveränderung will ich hier nicht eingehen.) Die etwa festgestellte Erhöhung des Durchschnittseinkommens sagt uns, daß in der Wirtschaft etwas vor sich gegangen ist, daß sie sich entwickelt hat. Dies ist immerhin eine wichtige Feststellung. Aber wir interessieren uns für die Entwicklung doch nicht deswegen allein, um zu wissen, ob die Wirtschaft sich entwickelt, sondern ob wir auf Grund der Entwicklung selbst etwas entwickeln können, ob die Entwicklung der Wirtschaft die Entwicklung von irgend etwas i n der Wirtschaft möglich macht. Es ist ja der wesentliche Zweck dieser zeitlichen Relativierung, festzustellen, ob der Staat seine Finanzen entwickeln kann. Und hier ist ganz klar hervorzuheben, daß diese Aufgabe mit dieser Relativierung nicht zu lösen ist. Die Entwicklung der Finanzen des Staates ist nur solange ein Einkommensproblem, als man das Staatseinkommen als abgeleitetes Einkommen betrachtet. Gibt man diese Einstellung auf, was meiner Ansicht nach notwendig ist, so ist die Frage nach der Entwicklungsmöglichkeit der Staatsfinanzen ein Problem der Kostengestaltung, rein theoretisch gesehen; eine weitere Betrachtung kommt hier nicht in Frage. Dann ist damit gesagt, daß die Frage des Staatseinkommens von der Veränderung des Volkseinkommens nur so weit abhängig ist, als eine Kostenumgruppierung nicht möglich ist. Die Veränderung des Volkseinkommens sagt dem Staate nur, daß sich etwas in der Wirtschaft verändert hat, und infolgedessen Veränderungsmöglichkeiten bestehen. Mit anderen Worten: Die Volkseinkommensveränderung hat symptomatische Bedeutung; das Volkseinkommen ist in seiner Veränderung ein Symptom, und Symptome zu beobachten hat immerhin Zweck, wenn andere Möglichkeiten der Erkenntnis nicht gegeben oder schwer zu handhaben sind. Der Zusammenhang zwischen Volkseinkommen und Staatseinkommen bleibt aber stets nur ein symptomatischer, ist niemals ein kausaler.

Viel mehr Zweck und Bedeutung als die eben besprochenen Relativierungen des Volkseinkommens hat die dritte Methode, die wir als Gliederung bezeichneten. Wir haben es in der Ermittlung des Volkseinkommens mit dem Einkommen als Massenerscheinung zu tun. Die Summenbildung ist für unsere Erkenntnis des Einkommens als Massenerscheinung Durchgangsstation. Diese Erkenntnis brauchen wir, weil die Wirtschaftstheorie uns nur das Prinzip des Einkommens gibt; sie erklärt uns die Einkommensbildung, die Staffelung des Einkommens und die Bindung der Staffelung und anderes. Das Prinzip der Ordnung dieser Masse von Einkommen (Volkseinkommen) lehrt uns die Theorie; was wir jedoch nicht aus der Theorie erfahren, besteht in der Frage, ob die Ordnung einen konstanten Charakter hat. Nehmen wir die Staffelung des Einkommens als Beispiel, so haben wir die Möglichkeit, die Staffelung prinzipiell zu erklären, d. h. die Notwendigkeit der Staffelung aus dem Grundgedanken der Wirtschaft zu entwickeln. Woran uns aber dann liegen muß, ist, weiter zu wissen, ob die Staffelung als solche eine konstante Ordnung ist, ob z. B. die Reihe der Einkommensstaffeln bezogen auf die in die einzelnen Staffeln fallenden Personen eine Linie mit konstant gleichmäßig bleibenden Steigungsintervallen darstellt. (Die Paretosche Linie z. B.) Eine solche Konstante gibt die Möglichkeit, von einer Einkommensstaffel aus die Werte der anderen zu berechnen; es wäre denkbar z. B., daß eine solche Konstante möglich macht, den ökonomischen Widerstand zu berechnen, den eine Gesamtwirtschaft gegen die Erhöhung einer Einkommensgruppe leisten wird.

Es mag das letzte etwas übertrieben sein, richtig daran ist auf alle Fälle — was in der Zuspitzung besonders deutlich wird —, daß alle wirtschaftstheoretische Forschung Bruchstück bleibt, wenn sie nicht außer den Formeln Konstante gibt. Alle theoretischen Erkenntnisse nützen, so lange sie nur die formalen Prinzipien entwickeln, dem wirtschaftlichen Handeln nichts, es sei denn, sie geben dem wirtschaftlichen Handeln für das Rechnen konstante Größen. Also in unserem Falle nicht nur erklären, z. B.: Das Einkommen ist nach dem und dem formalen Prinzip gestaffelt, sondern auch sagen, die Staffelung hat die und die konstante Staffelungsgröße.

Hier spielt das Volkseinkommen seine große, bisher viel zu wenig beachtete Rolle. Das Volkseinkommen ist der Inbegriff des Verhaltens der Summe der individuellen Einkommen, vielleicht noch schärfer: Der Inbegriff des konstanten Verhaltens der individuellen Einkommen. Der Begriff des Volkseinkommens verhält sich zu dem des Einkommens wie der der Lichtgeschwindigkeit zu dem des kürzesten Weges, oder der Begriff des Volkseinkommens bezeichnet das größenmäßige Verhalten, der Begriff des Einkommens das formale Verhalten des Phänomens Einkommen.

Fassen wir zusammen: Der Begriff des Volkseinkommens ist ein Begriff, der die Summe der individuellen Einkommen bezeichnet; damit bezeichnen wir das Einkommen als Objekt statistischer Erkenntnis. Einkommen ist der wirtschaftstheoretische — unter Außerachtlassung der gemachten Einschränkungen — Begriff Einkommen, Volkseinkommen ist der statistische Begriff Einkommen. Die Statistik und nur die Statistik hat es nie mit Einkommen zu tun, sondern mit Einkommen als Masse. Die Begriffe Einkommen und Volkseinkommen liegen in zwei ganz verschiedenen Ebenen der Erkenntnis; es ist dasselbe Phänomen, das, theoretisch gesehen, im Begriff Einkommen erkannt und als Erkenntnis in einem Prinzip formuliert wird, statistisch gesehen ist es eine Massenerscheinung, die wir als Summe zunächst sehen, mit Volkseinkommen bezeichnen und uns durch Mittelwerte begreifbar machen müssen.

8. Der Normbegriff Volkseinkommen oder Volkseinkommen als Idee.

Wir haben soeben die Bedeutung des Begriffes Volkseinkommen erheblich einschränken müssen. Er vermag uns sehr wenig auszusagen hinsichtlich dessen, was in einer Volkswirtschaft geschieht. Einmal deswegen, weil er nicht das Einkommen einer Volkswirtschaft deckt, sondern in seiner geldhaften Struktur die Grenzen des Landes überschreitet. Andererseits ist der Geldausdruck des Einkommens in keiner Weise ein Maßstab dafür, was realiter geleistet wird, das Geld läßt die Qualität der Leistung nicht erkennen.

Hiermit deute ich schon an, daß unsere Einstellung zur Wirtschaft, die mit dem Wort Volkseinkommen arbeitet, noch eine andere ist, als wir bisher analysierten. Was wir bisher getan haben, ist Theorie gewesen, Anschauung, d. h. wir haben den Einkommensbegriff als Begriff eines Systems angesehen, für dessen Begründung uns allein die Tatsache der Ordnung genügte, ohne daß wir uns durch eine Frage nach dem Wert, dem Sinn dieses Systems stören ließen. Wir haben nicht die Frage aufgeworfen, ob die Wirtschaft, mit der wir uns beschäftigen, eine „gesunde Wirtschaft" ist. Die so formulierte Frage mag zunächst verwunderlich erscheinen, sie ist jedoch begründet. Denn hinter der theoretischen Feststellung der Einheit der Wirtschaft steht das Wissen darum, daß diese Einheit Ausdruck einer Ganzheit ist. Die Tatsache, daß wir rechnen, daß wir von aller Qualität absehen können und die Wirtschaft behandeln, als ob sie ein Spiel der Größen, der Preise sei, beruht darauf, daß wir annehmen, daß das Wesen der Wirtschaft identisch bleibt. Überall in der Wirklichkeit, wo wir Veränderungen feststellen, Prozesse annehmen, reduzieren wir diese Veränderungen im

Prozesse auf reine Größenveränderungen, auf einen Mechanismus von Größen, weil wir annehmen, daß das Wesen sich gleich bleibt, das Quale identisch bleibt. Das Betrachten des Rein-Rechnerischen ist eine Abstraktion wohl von der Wirklichkeit, aber nicht in dem Sinne, daß diese „Wirklichkeit" gleichgültig ist, sondern in dem Sinne, daß man zeitlose Identität feststellen muß, wenn man auf diese Wirklichkeit in ihrem inneren Kerne blickt. Gewiß, dieses „Wesen" dauert, es lebt, es bleibt identisch in der Entwicklung. Es wandelt sich und bleibt immer dasselbe. Es *lebt* eben. Wir können ohne weiteres sagen, Wirtschaft ist ein lebendiges Etwas, eine Einheit der Qualitas, und nur deshalb sind wir berechtigt, die Preise als ein *System* von Preisen, als eine einheitliche Ordnung zu betrachten. Die Wirtschaft wäre in ihren quantitativen Erscheinungen keine Ordnung, kein System, nicht einheitlich erklärbar, nicht rational begreifbar, wenn hinter diesen Größen nicht etwas wäre, was das Spiel der Größen zum sinnvollen Ausdruck machte, was dieses Spiel der Größen nur als Ausdruck eines schwer begreifbaren, tieferen Sinnes wählte.

Wir haben bisher von diesem Wesen der Wirtschaft abgesehen, vom Sinn der Wirtschaft abstrahiert, Wirtschaft genommen, so wie sie sich ausdrückt, Einkommen so betrachtet, wie es sich darstellt, als Geld, als Größe. Jetzt kommt die Frage, ob wir nicht mehr sagen können über das Einkommen, als bisher gesagt wurde, ob wir nicht dann, wenn wir auf das Wesen der Wirtschaft sehen, auch über das *Wesen* des Einkommens etwas aussagen können und damit zu etwas kommen, was unter dem Worte Volkseinkommen zu verstehen ist, und was wir bisher noch nicht darunter verstanden haben. Bisher sind wir davon ausgegangen, daß Wirtschaft eine *Ordnung* des Lebens ist, wir haben mit anderen Worten in der Wirtschaft nur eine Form, etwas Formales gesehen, und dieses Formale nur in der Form der Größe erblickt. Können wir nun den Sinn dieser Ordnung irgendwie definieren? Diese Frage aufwerfen, heißt schon die ganze Schwierigkeit deutlich machen. Daß der Sinn der Wirtschaft „Bedürfnisbefriedigung" sein sollte, ist abzulehnen. Denn Bedürfnisse — befriedigen heißt dasselbe wie leben, und somit bewegen wir uns im Kreise. Der Sinn der Wirtschaft muß ein *Wert* sein, so viel läßt sich nur sagen. Nicht darauf kommt es an, daß wir Bedürfnisse befriedigen, sondern welche zu befriedigen sind, wenn wir von der üblichen Definition ausgehen wollen. Wirtschaft ist als *Sinn*, als *Zweck*, eine *Norm*, ein Ziel, ein Ethos.

Mehr brauchen wir hier zunächst nicht festzustellen als dieses, daß hinter allem wirtschaftlichen Rechnen und allem wirtschaftlichen Begreifen eine Idee steckt, die darauf hinweist, daß es sich bei diesem Rechnen, bei diesen Begriffen um eine Aufgabe handelt, die Ordnung schafft um eines Zweckes wegen. Hinter allen Preisen stecken eben Wertungen, um es so auszudrücken.

Wenn dies der Fall ist, dann bezeichnet das Wort Volkseinkommen eben nicht nur einen Begriff sondern auch eine Idee. Als Idee bezeichnet es die Vorstellung von etwas Qualitativem, von etwas Sachlichem, worauf es ankommt. Und wenn wir weiterhin feststellen, daß Wirtschaft, wenn wir vom Zweck und Sinn der Wirtschaft ausgehen, eine Ordnung des Lebens der Menschen ist, so richtet das Wort Volkseinkommen unseren Blick nicht auf das Nebeneinanderleben der Menschen, sondern das Miteinanderleben. Der Zweck der Wirtschaft ist etwas Soziales, wie jede Ethik Einordnung und Unterordnung unter höhere überpersönlicher Werte ist. Wollen wir also, von hier ausgehend, Volkseinkommen formulieren, so wird es sich immer um etwas handeln, das eine qualitative Bestimmung der Lebensmöglichkeit einer Gesamtheit ist. Wir können es so formulieren: Als Sinnbegriff ist der Volkseinkommensbegriff — es ist kein Begriff im eigentlichen Sinne, sondern eine Idee — der primäre Begriff, das Individualeinkommen nur Anteil am Volkseinkommen, Anteil des Einzelnen am Gesamten, also das Sekundäre; als theoretischer Begriff ist der Volkseinkommensbegriff eine Fiktion, eine sekundäre Bildung.

Wie nun diese Volkseinkommensidee als Wert, als Ziel der Wirtschaft inhaltlich zu formulieren ist, mag vorläufig noch dahingestellt bleiben. Angedeutet ist schon, daß sie irgendwelche qualitativen Merkmale enthält, also ausgeht nur von der sachlichen Seite der Wirtschaft. Hier liegt nun der Einwand auf der Hand, daß diese ganze Argumentation darauf hinausgeht, von der „Naturalform" des Volkseinkommens auszugehen und diese der Geldform gegenüberzustellen. Es kommt nur darauf an, was man unter Naturalform verstehen will. Versteht man unter Naturaleinkommen nichts anderes als die Aufgabe, bei der Schätzung des Volkseinkommens nicht von den Geldeinkommen auszugehen, sondern von den Naturalbezügen, dann handelt es sich hier nicht um zwei verschiedene „Grundbegriffe". Es wurde oben schon erwähnt, daß Einkommen ein intentionaler Begriff ist und daher zwingt, daß man ihn unterstellt, wo „eigentlich" noch kein Einkommen vorliegt. Das heißt überall dort, wo noch nicht das Geld in der Regelung der Lebensnotwendigkeiten eine Rolle spielt, wird man die Geldrechnung unterstellen müssen, diese sogenannten naturalwirtschaftlichen Verhältnisse mit einzubeziehen haben. Es gibt aber keineswegs zwei Einkommen in der Wirtschaft, nämlich Geldeinkommen und Naturaleinkommen, sondern ökonomisch gesehen *nur ein Einkommen*, nämlich Geldeinkommen; wo dieses nicht ist, *gibt es kein Einkommen*, oder *wir unterstellen es, indem wir es mittels Analogieschlusses errechnen*. Das Volkseinkommen *als Summe* läßt sich nicht anders als in Geld ausdrücken, und das Sprechen von der Naturalform des Volkseinkommens hat, wenn es mit Hinblick auf Summenbildung geschieht, keinen Sinn. Was damit gemeint ist, ist die Notwendigkeit, die Geldrechnung, wenn man das Einkommen eines Volkes berechnen will, zu unterstellen, d. h. aber nicht die „Naturalform" des Volkseinkommens zugrunde zu legen, sondern dem intentionalen Charakter des Volkseinkommensbegriffes Rechnung zu tragen. Es gibt keine andere Möglichkeit, als so vorzugehen.

Das andere, was bisher unter Naturalform des Volkseinkommens verstanden wurde, bezieht sich nicht auf den Begriff, sondern die statistische Methode. Es stehen sich die zwei statistischen Möglichkeiten gegenüber: 1. Summe der Individualeinkommen, d. h. Grundlage ist die Einkommenssteuerstatistik; 2. die objektive oder Rohertragsmethode, die darin besteht, daß man die Gesamtwertsumme der wirtschaftlichen Produktion ermittelt, d. h. Ausgangspunkt ist die Produktionsstatistik.

Wenn auch die statistischen Probleme hier nicht hergehören, so müssen die diesen Untersuchungen zugrunde liegenden theoretischen Einstellungen doch ganz kurz behandelt werden.

Daß die zweckmäßigste Methode die ist, die von der Einkommenssteuerstatistik ausgeht, liegt auf der Hand. Schwierigkeiten sind jedoch auch hier nicht zu leugnen. Sie liegen dort, wo — wie oben erwähnt — die Einkommenssteuerstatistik nicht hinreicht, weil Geldeinkommen nicht vorliegt. Außerdem kommt hinzu, daß die Einkommenssteuer an sich gewisse Einkommen nicht erfaßt.

Der zweiten sogenannten objektiven Methode liegt der Gedanke zugrunde, daß das Einkommen gleich der Summe des Wertes der Produkte sein muß, weil das Einkommen ja die „Aufteilung" dieses Ertrages bedeutet. Dies ist ein grober Irrtum; die Summe der Produkte fällt nur zu einem Teil an den Menschen, wird nur zu einem

Teil durch Einkommen gekauft, zum anderen Teil durch Kapital, zum dritten durch den Reinertrag. Der Rohertrag der Volkswirtschaft — wenn man davon sprechen will — ist der Umsatz der Volkswirtschaft, der im Umsatz von Menschenkraft und Umsatz von Kapitalkraft besteht; der Rohertrag ist nur zu einem Teile für das Einkommen da. Und es scheint mir unsinnig, wenn nun schon einmal die Volkswirtschaft in dem Einkommen den Ausdruck geschaffen hat, der ausdrückt, was vom Umsatz auf den Menschen entfällt, daß man diese von der Wirtschaft vorgenommene Errechnung durch eine methodisch höchst willkürliche andere Errechnung des Einkommens ersetzen will.

Auf der anderen Seite liegt eine unhaltbare Auffassung von Produktivität zugrunde, wenn man nur die landwirtschaftliche und gewerbliche Produktion sowie „einige" Dienstleistungen erfaßt, die Dienstleistungen des Staates aber draußen läßt. Was hier also unter Naturalform des Einkommens verstanden wird, ist Errechnung des Einkommens aus dem Umsatz der Wirtschaft. Darin ist nur soweit Richtiges enthalten, als man wirklich nur den Einkommensteil errechnen will, was aber nicht geschieht; und wenn es geschähe, dann wäre für diese Methode eine Lanze zu brechen, wenn sie zweckmäßiger, einfacher als der direkte Weg der Einkommensaufsummierung wäre; das ist sie aber keineswegs.

Was für diese zweite Methode scheinbar gesprochen hat, das ist der Wunsch, sie könnte vielleicht sachlicher sein, d. h. hinter die Gelderscheinungen blicken lassen. Das ist aber keineswegs der Fall; denn sie arbeitet mit dem Geldausdruck, um summieren zu können, und ob man nun weiß, daß das Einkommen aus der Landwirtschaft so groß, das aus der Industrie so groß ist, ist gar kein Fortschritt gegenüber der Volkseinkommenssumme aus dem Individualeinkommen. Die Qualität des Volkseinkommens ist niemals im Geldausdruck zu erkennen, der Geldausdruck muß eben verschwinden. Wir kommen also zu dem Resultat: Was bisher unter Naturaleinkommen verstanden wurde, das ist nicht das, was unter der Idee Volkseinkommen zu verstehen ist. Es ist nicht das, was uns irgend etwas darüber aussagt, ob wir „gutes" Volkseinkommen haben, weil es immer wieder zum Geldausdruck zurückgreift. Was wir wollen, ist eine Sachvorstellung von Einkommen, mehr noch als eine Sachvorstellung: Eine Qualitätsvorstellung.

Was uns hier eigentlich vorschwebt, wird klarer, wenn wir die Frage nach dem Wesen des Volkseinkommens weiterfassen, nämlich als Frage nach dem Wesen des Volksreichtums. Was ist der wirkliche Volksreichtum — das ist die Frage, die hinter unseren Bemühungen um die Klärung des Wesens des Volkseinkommens steht. Es ist die notwendige kritische Haltung gegenüber dem Geldausdruck, die in dieser Frage sich durchsetzt, und die in ihrer Frageform gleichzeitig die Schwierigkeit ihrer wissenschaftlichen Beantwortbarkeit zum Ausdruck bringt.

Daß diese Frage berechtigt ist, haben wir oben versucht, kurz zu begründen durch den Hinweis auf die Ganzheit. Wir wollen aber diese tiefere Begründung hier beiseite lassen und einfach davon ausgehen, daß die Wirtschaft mit der Tatsache der Existenz von Staaten zu rechnen hat, daß diese Staaten ferner ein Interesse an der Wirtschaft haben. Dieses Interesse besteht darin, zu wissen, wie weit die wirtschaftliche Ordnung eine solche ist, daß der Staat, die Gesamtheit einen in sich lebensfähigen Körper darstellt. Der Staat muß als Gesamtheit notwendig das Interesse haben wenigstens zu wissen, wie weit die Wirtschaft die Bürger des Staates basiert auf Lebensmöglichkeiten innerhalb der Grenzen des Staates. Das ist das eine, das andere ist der Wunsch, wenigstens zu wissen, wie weit die Wirtschaft der Bürger für Lebensmöglichkeiten der Gesamtheit sorgt, ob nicht trotz Blühens der Wirtschaft die Gesamtheit verkümmert. Die Gesamtheit als Inbegriff einer Kultureinheit. Der Staat hat also gegenüber der Wirtschaft zwei kritische Fragen: 1. wie weit ist die Wirtschaft autarke Wirtschaft; 2. wie weit ist die Wirtschaft Kultur, wobei unter Kultur eben Charakter der Volkseinheit zu verstehen ist. Hiermit ist noch nicht gesagt, daß der Staat diese Interessen praktisch hat — dagegen spricht die Wirklichkeit — sondern nur, daß dies Fragen sind, die er kraft seiner Existenz wenigstens aufwirft.

Wenn diese Fragen aufgeworfen werden, dann schwebt gewissermaßen eine Vorstellung von Volkseinkommen vor, die besagt: Das wahre Volkseinkommen sollten sein — nicht: sind — Lebensmöglichkeiten, die auf eigenem Gebiet erwachsen, und Lebensmöglichkeiten, die kulturellen Wert haben.

Das Problem steckt nun in der Schwierigkeit, mit diesem Begriff, der kein Begriff ist, praktisch etwas anzufangen. Kann man erstens mit diesem Begriff kritisch arbeiten, und kann man zweitens auf Grund dieses Begriffes praktisch Wirtschaftspolitik treiben?

Für die Kritik gibt es nur eine Möglichkeit, nämlich die, daß man sich auf eine Minimalanforderung an Autarkie und Kultur einigt. Über Autarkie und Kultur als solche wird man sich nicht einigen, jedoch ist Einverständnis darüber zu erzielen, daß man Autarkie prüfen kann, indem man fragt, ob die Bevölkerung sich mit den und den Produkten aus eigenem Gebiet versorgen kann. Auf der anderen Seite ist Verständigung darüber möglich, daß als Minimum von Kultur im ganzen für die Gesamtheit mindestens eine Befriedigung der vitalen Bedürfnisse in einem bestimmten Umfange möglich sein muß. Wenn man sich auch nicht völlig einigt, so wird man doch zugeben müssen, daß die eine oder andere oder mehrere Bedürfnisbefriedigungen als Ausgangspunkt für kritische Untersuchungen über den wahren Charakter des Volkseinkommens genommen werden müssen. Die Möglichkeit solcher kritischen Untersuchungen wird man nicht bestreiten können, die Methode wird Schwierigkeiten hinsichtlich der Auswahl des Ansatzpunktes machen. (Ein Wohlstandsindex ist eine solche Methode, Volkseinkommensentwicklung nach der qualitativen Seite hin festzustellen, jedoch kann hierauf jetzt nicht näher eingegangen werden.)

Der relativen Objektivität der kritischen Anwendung dieses Volkseinkommens„begriffes“ steht jedoch die Unmöglichkeit gegenüber, daraus ein objektives sachliches Wirtschaftsziel zu formulieren und eine sachliche Aufgabe der Volkseinkommenspolitik daraus zu bilden, weil Autarkie und Kulturwerte viel zu allgemeine Merkmale sind und der Versuch einer Präzisierung in den Streit der Interessen und Parteien hineinführt. Und doch wird man den Versuch nicht von der Hand weisen können, die Volkseinkommensgestaltung nach der qualitativen Seite hin zu „objektivieren“. Das Beispiel einer Objektivierung gibt uns die Bindung der quantitativen Wirtschaftsführung an das Geld, das Gold. Die Goldwährung ist so etwas wie Objektivierung der Wirtschaftsordnung, sachliche Kontrolle der Ordnung. Ob die Goldwährung kostspielig oder nicht ist, ob Einwände gegen sie zu erheben sind, das tritt zurück gegenüber der Tatsache, daß es sich hier um eine Entsubjektivierung — sit venia verbo — um eine Objektivierung, d. h. sachliche Kontrollierung der Ordnung handelt. Auch dies ist historisch geworden, mithin Konvention, und so ist es durchaus möglich, daß nach der qualitativen Wirtschaftsseite hin, bezüglich der Qualität des Volkseinkommens eine konventionelle Norm gefunden und festgelegt werden kann. Daß diese Norm nur eine Minimalforderung ist, wurde oben schon erwähnt.

Vermögen und Volksvermögen.

Zum Begriff und zur statistischen Erfassung.

Von

M. R. Weyermann, Bern.

I. Zum sozialökonomischen Begriff.

1. „Vermögen" ist — als wirtschaftstheoretischer Begriff gedacht — notwendig ein Komplex von Wirtschaftsobjekten, fällt also logisch unter den Gattungsbegriff des „Wirtschaftsgutes". — Nicht-Wirtschaftsgüter können nicht Vermögen bzw. Vermögensteil im wirtschaftstheoretischen Sinne sein.

Wenn man im wirtschaftlichen Gedankengebiet von Vermögen spricht, so waltet dabei die Vorstellung von der Fähigkeit einer Person bzw. eines Personenkreises ob, durch Verfügung über gesellschaftlich begehrte und dabei nicht frei zugängliche Dinge eine diesem Verfügungskomplex entsprechende Machtstellung in der Wirtschaftswelt — sei es als Konsumtions- oder als Produktionsinteressent — einzunehmen. Das Problem läßt sich kurz etwa so ausdrücken: Wovon hängt es ab, inwieweit ein Subjekt auf Grund eines Besitzes, ohne sich anderen gegenüber zu verpflichten, Leistungen der Gesellschaft für sich in Anspruch nehmen bzw. eine gesellschaftlich eingeschätzte Verfügungsmacht ausüben kann? — Auf das gesellschaftliche Moment fällt dabei — das sei von Anfang an betont — ein maßgebender Nachdruck; denn darin liegt ein wesentliches Charakteristikum des Wirtschaftlichen, im Gegensatz zum Individual-Psychischen. Die Nationalökonomie ist eine Sozialwissenschaft: Der subjektive Gebrauch bzw. seine individuelle Rangierung im Lebensgenuß scheiden demnach für die sozialökonomische Begriffsbildung als leitendes Prinzip aus[1].

Diese wirtschaftliche Problemstellung ist für die Begriffsklärung unbedingt als Ausgangspunkt festzuhalten. Geschieht dies nämlich nicht, so läuft man in hohem Grade Gefahr, auf den ominösen Weg der etymologischen Begriffsherleitung zu geraten, der im vorliegenden Falle deshalb von Anfang an zur Fruchtlosigkeit verurteilt ist, weil das Wort „Vermögen" zu denjenigen unserer Sprache gehört,

---

[1] Die Bezeichnungen: „nationalökonomisch", „sozialökonomisch" und schlechthin „wirtschaftlich" werden im folgenden als gleichbedeutend verwendet, da lediglich das soziale Moment eine „Wirtschaftswissenschaft", als ein von der Psychologie zu Scheidendes, heraushebt. — Über die Ablehnung einer theoretisch-begrifflichen Trennung zwischen „nationalökonomisch (sozialökonomisch)" und „privatwirtschaftlich" vgl. das weiter folgende unter Ziffer 3.

welche auf den vielfältigsten Gebieten — und im einzelnen wieder für ganz Wesensverschiedenes — Anwendung finden, ja deren Anwendungsbereich des plastischen Bildes wegen immer noch zu weiterer Ausdehnung neigt. So sprechen wir von einem physikalischen, von einem psychischen, intellektuellen, künstlerischen usw. „Vermögen“, und speziell die ursprünglich wirtschaftlich empfundene Anwendung des Wortes wird wiederum bildlich auf andere Sphären übertragen; so, wenn man von einem „Vermögen im Kopf“ spricht. Die Wortwurzel besagt daher für den Begriffsinhalt der einzelnen Wortanwendung so gut wie nichts, und eine etymologische Herleitung muß in der Richtung einer Verwässerung des Inhaltes durch Ausweitung des Umfanges (im logischen Sinne) führen.

Hieran leiden in der Tat alle Versuche, den sozialökonomischen Vermögensbegriff durch Verfolgung der Wortwurzel oder doch in Anlehnung an dieselbe zu gewinnen. Wenn Volksvermögen „alles in sich schließt, was ein Volk vermag“ (Steinmann-Bucher[1]), dann stehen wir mit der Problemstellung — wofern wir eine solche überhaupt bewußt vor Augen haben — längst nicht mehr auf dem in bekannter und ganz bestimmter Weise abgegrenzten Boden des Wirtschaftlichen, sondern in der schier endlosen Ebene der gesamten naturalen und kulturellen Energieentfaltung. Gewiß: alles, was ein Volk irgendwie „kann“, ist ein Teil eines als Totalität denkbaren „Vermögens“, d. h. einer Gestaltungsmöglichkeit im weitesten Sinne. Aber das geht doch wohl derart weit über den Rahmen des „Wirtschaftlichen“ hinaus, daß das letztere fast zur verschwindenden Partikel wird, gemessen an dem hier erfaßten Gebiete. Kein Wunder daher, daß sich der so gefundene Vermögensbegriff wirtschaftlich nicht zu einer positiven Vorstellung verdichten, noch weniger mit anderen, wirklichen Wirtschaftsbegriffen in Beziehung oder vollends auf gemeinsamen Nenner bringen läßt. Er ist eben nicht spezifischer Wirtschaftsbegriff.

Hier hört man den Einwand, daß das Wirtschaftliche mit dem gesamten Kulturgebiet und ebenso mit den mannigfachsten Naturphänomenen derart vielfältig und eng zusammenhänge, daß es geradezu ein Fehler sei, den Rahmen des Ökonomischen so zu begrenzen, wie das soeben angedeutet wurde. — In diesem häufig und ausgiebig be-

[1] Deutschlands Volksvermögen im Krieg. Finanzwirtschaftliche Zeitfragen, Heft 24, S. 1.

tonten „innigen Zusammenhange“ liegt, sofern er zu einer umfanglichen Ausweitung (also inhaltlichen Verblassung) wirtschaftswissenschaftlicher Grundbegriffe benutzt wird, ein für die Wirtschaftswissenschaft verhängnisvoller Gedankenfehler. Unbestreitbar greift das „wirtschaftlich Interessante“ in den Bereich aller möglichen anderen Wissensgebiete hinüber, es haben — anders ausgedrückt — diese letzteren ihre die Wirtschaft irgendwie berührenden Seiten. Aber das Umgekehrte ist in gleichem Maße der Fall, ohne das deshalb die Forderung seitens der anderen Wissenschaften erhoben wird, es seien derartige ökonomische Reflexe mit in den Begriffsschatz der betreffenden wissenschaftlichen Eigengebiete mit einzubeziehen.

Von noch so intensiver Berührung der Erfahrungsobjekte ist doch in der Tat ein gewaltiger Weg bis zur begrifflichen Amalgamierung auf dem Gebiete von Einzelwissenschaften. Letztere haben ja gerade den Sinn, aus der bunten Vielheit des Erfahrungsobjekts möglichst scharf umrissene spezifische Erkenntnisse zu gewinnen, und dazu muß das Werk- und Rüstzeug ihrer Hauptbegriffe entsprechend geschärft, d. h. im logischen Umfang begrenzt, dafür im Inhalt klar und plastisch sein.

In diesem Sinne haben wir Nationalökonomen z. B. den Begriff des „Wirtschaftsgutes“ mit Recht als „unsern“ Gutsbegriff von demjenigen des „freien Gutes“ getrennt, obwohl doch niemand bezweifelt, daß die freien Güter (wie der obige Einwand lauten würde), ebenfalls ihre große Bedeutung für den Wirtschaftscharakter eines Landes haben. Die gleiche „große Bedeutung“ kommt in dieser Hinsicht nämlich auch dem Klima, der Bodenbeschaffenheit, dem hygienischen Verhalten der Bevölkerung, ihrer Ernährungsweise, ihrem Körperbau, ihren Sitten usw. zu. Was aber kann das für einen der Wirtschaftswissenschaft ureigenen Begriffsinhalt besagen?

Für die Nationalökonomie ist es nun von besonderer Wichtigkeit, daß sich ihre Grundbegriffslehre von der Hineintragung fremder Elemente frei hält; denn unsere Wissenschaft genießt bei so vielen das Ansehen, als ob sie sich aller möglichen Begehren, Ideale, Reformideen in der Rolle eines wissenschaftlichen Schiedsrichters anzunehmen habe. Und, wie der geschichtliche Rückblick zeigt, wird immer wieder der Versuch gemacht, die Nationalökonomie in das eine oder andere wirtschaftspolitische bzw. kulturpolitische Programm einzuspannen. Auch hierzu geht der Weg meist über die Zumutung, ein außerordentlich weites Gebiet zu umspannen, wobei stets der erwähnte „innige Zusammenhang“ des einen und des anderen Gebietes hervorgehoben wird, weshalb eine Trennung für die wirtschaftliche Betrachtung angeblich nicht statthaft sei.

Kann man sich da wundern, wenn die gleichen Leute, die uns Nationalökonomen sozusagen mit dem ganzen Menschenglück beschäftigen wollen, bei anderer Gelegenheit sich aber darüber aufhalten, daß unsere Theorie der Straffheit und der positiven Ergebnisse im Vergleich zu anderen Wissenschaften (Jurisprudenz!) vielfach ermangle? Gewiß nicht; sondern das eine wird eben durch das andere bedingt.

Wir sozialökonomischen Theoretiker müssen daher mit Bestimmtheit alle Versuche ablehnen, Fremdkörper in unser Gebiet hineinzutragen. Unsere Wissenschaft ist Einzelwissenschaft und darf wie jede andere beanspruchen, daß man sie ungestört in ihren Grenzen beläßt. Sozusagen alle Weltvorgänge berühren freilich die Wirtschaft und umgekehrt; aber das besagt nicht, daß die Wirtschaftswissenschaft das alles in sich einzuschlürfen und so die Leistung auf dem eigensten Gebiete zu verwässern habe. Besonders müssen wir uns davor hüten, an das schwere Gebiet unserer Grundbegriffslehre anders als nach reiflicher Durchdenkung der logischen Grenzen unserer Wissenschaft heranzutreten. Die sich notwendig daraus ergebende Beschränkung des wirtschaftswissenschaftlichen Forschungsgebietes und speziell die Zurückschneidung der Grundbegriffe unter Befreiung von allen wilden Schößlingen darf uns nicht, wie es vielfach versucht wird, als Folge eines beschränkten Blickes gedeutet werden. Sie ergibt sich vielmehr aus der Schärfung des Blickes für das ökonomisch Wesentliche und bedeutet wissenschaftliche Mehrleistung gegenüber einer nach allen möglichen Richtungen ausgreifenden Betrachtung, welche eben deshalb schließlich den Dingen nicht auf den Grund zu kommen vermag. In dieser Art ist auch bei der Klarlegung der wirtschaftlichen Begriffe „Vermögen“ und „Volksvermögen“ der hohe und leichte Flug mit dem schweren Pflug zu vertauschen.

Wenn man für den wirtschaftlichen Vermögensbegriff von der oben von mir skizzierten Problemfassung ausgeht, welche rein auf ökonomischem Gebiet belegen ist, so stellt sich das Gesuchte in der Gleichung, d. h. das Vermögen, dar als ein Komplex von Mitteln zur wirtschaftlichen Erfolgserzielung oder, anders ausgedrückt, als ein wirtschaftlicher Aufwand- oder Kostenfonds. Es ist ein Fonds zum Einsatz gewisser Güter, welche nicht frei zugänglich sind, daher eben „bewirtschaftet“ werden müssen, und ein solcher kann logisch seinerseits nur aus Wirtschaftsgütern bestehen. Bei freien Gütern fehlt zur Konstituierung des wirtschaftlichen Vermögensbegriffs nichts Geringeres als die Notwendigkeit eben der Wirtschaftsentfaltung. Sie mögen hier und dort für das Wirtschaftsleben noch so interessant sein; niemals sind sie deshalb die für die Wirtschaft charakteristischen Objekte. Wirtschaftliches Vermögen will aber soviel heißen wie: für die Wirtschaftstätigkeit charakteristisches Vermögen. — Und wie die freien Güter ihrer Natur nach nicht Bestandteile des wirtschaftlichen Vermögens sein können, so auch nicht diejenigen Güter, welche im gesellschaftlichen Verkehr nicht disponierbar sind, nicht „Objekte individualistischer Verkehrsbeziehungen“ (Amonn) sein können. Tugend und Freundschaft z. B. sind sicherlich Seltenheitsgüter, aber nicht Wirtschaftsgüter und deshalb nicht unter das Vermögen im wirtschaftlichen Sinne einbeziehbar. Auch wenn sie, wie man häufig genug eingewendet hat, für das Wohlergehen „oft mehr wert sind als Geld und Gut“, so entziehen sie sich nichtsdestoweniger aus dem besagten Grunde dem Wirtschaftsgebiete, ebenso wie die Gesundheit, die Religion und viele andere höchste Güter der Menschheit.

Ebensowenig wie die Kultur in der Wirtschaft aufgeht, kann der Begriff des Kulturgutes in denjenigen des Wirtschaftsgutes hineingezwängt werden. Deshalb fallen auch selbst höchste Kulturgüter, wofern sie nicht die Voraussetzungen des Wirtschaftsgutes erfüllen, aus dem Rahmen des wirtschaftlichen Vermögensbegriffes heraus.

2. „Volksvermögen“ ist — wiederum als wirtschaftswissenschaftlicher Grundbegriff gedacht — logisch notwendig ein Artbegriff der übergeordneten Gattung „Vermögen“ (hinzu tritt nur das Artmerkmal: „Volk“). Also bleibt auch der Begriff des Volksvermögens notwendig auf Wirtschaftsgüter beschränkt.

Sobald der Begriff des wirtschaftlichen Vermögens eindeutig festgelegt ist, bedarf es eigentlich vom formal-logischen Standpunkte aus keines besonderen Nachweises mehr dafür, daß alles dasjenige, was die Wirtschaftswissenschaft mit Vermögen unter Beifügung eines Epithetons bezeichnet, in den erwähnten Vermögenskreis hineinfällt. Volksvermögen, als wirtschaftswissenschaftlicher Begriff, kann demnach nichts anderes sein, als der Begriff des wirtschaftlichen Vermögens, limitiert durch den Umfang des „Volkes“.

Will man dem Begriff des Volksvermögens einen anderen Charakter vindizieren als denjenigen des logisch übergeordneten Begriffes Vermögen, so begeht man entweder einen Paralogismus, oder man muß zuvor ausdrücklich erklären und begründen, daß und weshalb der Ausdruck „Vermögen" in Verbindung mit dem Begriffsmerkmal „Volk" einen besonderen Inhalt haben muß, welcher von demjenigen des allgemeinen wirtschaftlichen Vermögensbegriffes abweicht.

Es kann eine mehrfache, verschiedenartige Verwendung eines Namens, mit welchem sich ein fester Begriff in einer Wissenschaft verbindet, nicht nach Belieben zugestanden werden. Jede Namenskoinzidenz für verschiedene Begriffsinhalte auf dem gleichen Wissenschaftsgebiete ist im Grundsatze auszuschließen. Auch darf die mehrfache Verwendung des gleichen Wortes in verschiedenem Sinne, je nach Hinzufügung oder Nichthinzufügung eines Sondermerkmals, logisch nicht stattfinden, wenn der Sinn, in welchem das Wort ohne Zusatzmerkmal gebraucht wird, auch mit dem Zusatze denkbar bzw. von wissenschaftlichem Interesse ist.

Letzteres ist nun bei der Bezeichnung „Volksvermögen" unbedingt der Fall. Die gleichen Probleme, aus denen sich der allgemeine wirtschaftliche Vermögensbegriff herausschälen läßt, bestehen mit dem Anspruch auf das nämliche wissenschaftliche Interesse auch dann, wenn man die beschränkende Beziehung auf das „Volk" hinzufügt. Falls es noch eines besonderen Nachweises dafür bedürfte, so hat die Kriegszeit deutlich genug gezeigt, daß der Besitz oder Nichtbesitz des nämlichen, was man wirtschaftlich Vermögen nennt, ohne damit einen bestimmten Kreis der Inhaber zu ziehen, seine volle wirtschaftliche Bedeutung auch dann behält, wenn man es auf die Peripherie des Volkes beschränkt. Ist doch gerade während des Krieges das wirtschaftliche Vermögen (im Sinne der Wirtschaftsgütermasse) des einen Volkes gegen dasjenige des anderen in folgenschwerer Weise ausgespielt worden.

Freilich: nicht nur das ist da ausgespielt worden, sondern noch vieles andere an Gütern aller Art, die z. T. weit über das Wirtschaftsgebiet hinausgehen. Die Disziplin der Heere, die Pflichttreue der Beamtenschaft, die Opferfreudigkeit der Bevölkerung und noch weit mehr Faktoren sind in das Völkerringen eingesetzt worden und haben für den Erfolg mitgesprochen. Aber daraus folgt keineswegs, daß nun alle diese letztgenannten Objekte notwendig in den Begriff des wirtschaftlichen Volksvermögens hinein gehören. Im Gegenteil: das Volk bedeutet ja mehr als eine Wirtschaftsgesellschaft; also wird auch sein Krafteinsatz z. B. in einem Kriege vermutlich weit über die wirtschaftlichen Mittel hinaus reichen. Aber auch das wirtschaftliche Vermögen hat unter vielem anderen im Kriege für das Volk, welches es einzusetzen vermochte, eine wichtige selbständige Bedeutung gehabt. Schon das allein zeigt, daß es jeder Berechtigung entbehren würde, wenn man den Begriff des Volksvermögens in diesem logisch aus dem wirtschaftlichen Vermögensbegriff entwickelten Sinne ignorieren und schlechthin behaupten würde, daß der Begriff des Vermögens in Verbindung mit demjenigen des Volkes notwendig einen anderen Charakter trage als jener oben entwickelte allgemeine ökonomische Vermögensbegriff, begrenzt auf den Umfang des Volkes.

Solange der zugestandene allgemeine Vermögensbegriff der Wirtschaftswissenschaft auch mit dem Epitheton „Volk" faktisch die gleichen Probleme mutatis mutandis berührt, erscheint es als nicht statthaft, einen anderen Begriffsinhalt mit dem betreffenden Worte zu verbinden. Vollends aber darf es nicht zugelassen werden, daß gar der Anschein erweckt wird, als ob in der Zusammensetzung „Volksvermögen" die Komponente „Vermögen" eo ipso etwas gänzlich anderes bedeute als ohne die Zusammenfügung.

3. Eine Gegenüberstellung von Volksvermögen und Privatvermögen oder Einzelvermögen ist im Hinblick auf den verschiedenen Umkreis der Vermögenssubjekte möglich, begründet aber keinen materiellen Gegensatz. Die Antithese eines volkswirtschaftlichen und eines privatwirtschaftlichen Vermögensbegriffes dagegen ist unter allen Umständen eine petitio principii.

Ein als Phrase bestechender und dementsprechend um so stärker zu bekämpfender Versuch, den rein logisch sich ergebenden Inhalt des wirtschaftlichen Volksvermögens durch einen solchen zu ersetzen, der alle möglichen außerwirtschaftlichen Güter in sich einschließt, besteht in der Behauptung, daß der Vermögensbegriff in dem von uns dargelegten Sinne „rein privatwirtschaftlich" sei, während man „vom volkswirtschaftlichen Gesichtspunkte aus" etwas anderes, umfanglich weitergehendes unter Vermögen zu verstehen habe; und dieses Vermögen in volkswirtschaftlicher Betrachtung sei eben seiner Natur nach Volksvermögen im Gegensatz zu Privatvermögen.

Mit dieser Antithese wird tatsächlich stark operiert und dies wiederum leider zulasten der Klarheit volkswirtschaftlicher Grundbegriffe. Schon deshalb beansprucht dieser Punkt eine einläßlichere Erörterung und Abklärung.

a) Vorausgeschickt sei, daß natürlich der Begriff Volksvermögen nicht schlechthin identisch mit Privatvermögen sein kann. Das geht logisch aus den in den beiden Namen enthaltenen Unterscheidungsmerkmalen hervor. In einem Falle: Vermögen eines oder mehrerer Privater, im anderen: Vermögen des ganzen Gesellschaftskreises, welcher mit Volk bezeichnet wird, darunter in praxi privates und öffentliches Vermögen. In diesem lediglichen Unterschiede der ins Auge gefaßten Vermögenssubjekte erschöpft sich aber in der Tat der Unterschied der beiden genannten Begriffe. Die Komponente „Vermögen“, welche in beiden enthalten ist, kann mit keinerlei zureichender Motivierung verschieden ausgelegt werden.

Dies ist es aber, worauf die Verfechter der Antithese vor allem hinzielen. Es sei demgegenüber das Folgende hervorgehoben:

Die versuchte Trennung zwischen privatwirtschaftlichem und volkswirtschaftlichem Vermögen hängt ziemlich eng zusammen mit der ebenfalls stark phrasenhaften Gegenüberstellung des die Volkswirtschaft angeblich beherrschenden Prinzips der Produktivität und des die Privatwirtschaft (und angeblich nur diese) leitenden Gedankens der Rentabilität. In dem gleichen Sinne, so etwa führt man aus, sei die Vermögensanschauung vom Standpunkte der Volkswirtschaft aus eine durchaus andere als von demjenigen der Privatwirtschaft. In letzterer fasse man den Tauschwert der einzelnen Güter für die Klassierung ihrer Bedeutung im Vermögen ins Auge, während die volkswirtschaftliche Betrachtungsweise auf die wahre unmittelbare Nutzleistung für den Gebraucher das Gewicht lege (in diesem Sinne neben anderen z. B. W. Eggenschwyler, s. Zt. in der Ztschr. f. schweiz. Statistik und Volkswirtschaft, Jahrg. 1915 u. 1916).

Was zunächst die angebliche Differenz des volkswirtschaftlichen vom privatwirtschaftlichen Gedankenkreise anbetrifft, die in das Schlagwort: „hie Produktivität, hie Rentabilität als leitende Idee“ gekleidet wird, so darf man sich zur Ablehnung eines derartigen an der Oberfläche haftenden Ausspruches kurz fassen. Zunächst ad Produktivität: Sind die Monopole, Kartelle, die natürlichen Beschränkungen, die Verbrauchseinschränkungen, kurz das Seltensein mit seinen Folgen, nicht ebenso sozialökonomische Kategorien wie das Hervorbringen und

Anhäufen? Ist das haushaltende Konsumwirtschaften nicht ein nationalökonomischer Komplex par excellence? Und weiter: kann Produzieren und Produktivität nicht gegebenenfalls — für ein Volk sowohl wie für den Einzelnen — unwirtschaftlich sein? Gibt es nicht zahllose Beispiele dafür, daß Produktion und Konsum dieses oder jenes Gutes gegen die — auch als Ganzes gedachte — Landes-Wirtschaft gehen?

Für die Wirtschaftlichkeit kommt doch wohl alles darauf an, daß bei gegebenenem Aufwand der größte Erfolg (im Konsum und Erwerb), bzw. bei gegebenem Erfolg der geringste Aufwand stattfindet. Das ist ja der Sinn des trotz jener Produktivitätsphrase allenthalben still anerkannten „wirtschaftlichen Prinzips". Und das heißt: Rentabilität. Sie ist für ein Volk begrifflich keine andere als für das Wirtschaftssubjekt schlechthin.

Selbstverständlich ist die Rentabilität einer bestimmten Tatsache für eine Wirtschaftseinheit A nicht parallel zu derjenigen für eine andere B oder C und vollends nicht gleichbedeutend mit einem Wirtschaftserfolge im Lande ohne Gegenwirkungen an einem oder dem anderen Ende. Aber deswegen darf man doch nicht behaupten, die Rentabilität sei das leitende Prinzip der Einzelwirtschaft, d. h. der konkreten Wirtschaftseinheiten, nicht aber dasjenige ihrer gedanklichen Zusammenfassung, der Volkswirtschaft. Ganz abgesehen von dem hierin liegenden logischen Verstoß gegenüber der allgemeinen Anerkennung des wirtschaftlichen Prinzips: Weshalb soll denn die Volkswirtschaft keine Rentabilitätsidee kennen? Natürlich ihre Rentabilität! Und die ist in dem großen gedachten Bassin notwendig aus lauter Plus- und Minuspartikeln bei den konkreten Wirtschaften zusammengesetzt. Man braucht nicht nach einem „alle gleichmäßig Beglückenden" zu suchen, und keinesfalls ist ein solches in der Produktivität als solcher belegen. In diesem Punkte herrscht bei denjenigen, die immer wieder jene Antithese bringen, keine Gedankenklarheit. Um das zu erkennen, braucht man sich nur zu fragen: von welcher ökonomischen Tatsache ließe sich überhaupt annähernd aussagen, daß sie innerhalb einer Volkswirtschaft nur ein reines Plus, nirgend ein Minus begründe? Man wird keine finden; sie mag noch so „produktiv" sein.

Die Volkswirtschaft ist eben bekanntlich keine Wirtschaftseinheit im Sinne eines materiellen Einheitsinteresses; wo aber kein absolut einheitlicher Wirtschaftswille, kein gleichgerichtetes Wirtschaftsinteresse, weil überhaupt kein zentrales Wirtschaftssubjekt besteht, da ist die ganze pathetische Vorstellung von einem „reinen volkswirtschaftlichen Gesamtnutzen", im Gegensatz zum „nur privatwirtschaftlichen" Vorteil, ein logisches Unding, wenn man damit eine Begriffstrennung meint vollziehen zu können. Der Unterschied zwischen privatwirtschaftlicher — besser einzelwirtschaftlicher — und allgemeinwirtschaftlicher Untersuchung ist denn auch für die theoretische Nationalökonomie lediglich ein solcher des methodischen Vorgehens, mit dementsprechender umfanglich abweichender Begrenzung des Erfahrungsobjektes, an welchem von Fall zu Fall wissenschaftlich gearbeitet wird. Weder die Grundprobleme noch das Erkenntnisziel sind verschieden. Insbesondere: privatwirtschaftliche theoretische Grundbegriffe, im Gegensatz zu sozialökonomischen Begriffen, gibt es nicht.

Aus dem Gesagten geht wohl genügend hervor, daß es ebenfalls ein privatwirtschaftliches Vermögen im Gegensatz zu einem volkswirtschaftlichen Begriff des Wortes im theoretischen Sinne überhaupt nicht gibt.

b) Ein solcher Unterschied kann ernstlich auch nicht damit begründet werden, daß die Summe der einzelnen Vermögen gewisse Doppelzählungen in sich schließe, die vom volkswirtschaftlichen Gesichtspunkte aus nicht statthaft seien, indem z. B. Forderungen der Wirtschafter untereinander neben dem realen Vermögensinventar zur Aufnahme gelangten. Dieses Argument, so sonderbar es anmuten mag, taucht in der Literatur hier und dort auf. Natürlich können aber solche beanstandeten „Doubletten" bei einer Summierung der Einzelvermögenskomplexe normalerweise gar nicht unterlaufen, wenn man — was doch selbstverständlich ist — nicht nur die positiven, sondern ebenfalls die sämtlichen negativen Vermögens-Einzelposten mit in Rechnung zieht, so daß sich Forderungen und Verpflichtungen ausgleichen.

c) Es bleibt somit wohl nur noch die Frage zu erörtern, ob der angebliche Unterschied der privatwirtschaftlichen und der volkswirtschaftlichen Vermögensanschauung darin gefunden werden kann, daß nach ersterer auf die Tauschwerte (Verkehrswerte), nach letzterer auf die subjektiven Gebrauchswerte abgestellt werden muß. (So Eggenschwyler und mancher andere). Dazu ist folgendes zu sagen:

1. Soweit der Verkehrswert der Güter für unsere Begriffsfassung des Vermögens und Volksvermögens in den Vordergrund tritt, be-

deutet das nichts anderes als eine natürliche Folge des dem ganzen Problem inhärenten Umstandes, daß eine aus verschiedensten Güterarten zusammengesetzte Globalmasse in Frage steht, welche irgendeines gemeinsamen Nenners für ihre Einzelteile bedarf, sobald man, namentlich in dynamischer oder vergleichender Betrachtung, die wirtschaftliche Gesamtwirksamkeit im gesellschaftlichen Verkehr, sei es der Individuen, sei es der Wirtschaftsstaaten, herausheben will.

Würde man von der Vorstellung eines mit dem Vermögen erzielbaren wirtschaftlichen Globaleffektes absehen, so würde der Vermögensbegriff neben demjenigen des Wirtschaftsgutes für die Wissenschaft keinen Sinn haben. Da aber nun tatsächlich für eine breite nationalökonomische Problemreihe jene Fähigkeit zu einer bestimmten Gesamtwirkung auf Grund der freien Verfügung über einen Komplex von Wirtschaftsgütern das Fundamentale bildet — man denke nur beispielsweise an die Fragen der Steuerfähigkeit, der wirtschaftlichen Kriegsbereitschaft, des notwendigen Arbeitsmaßes, mittelbar des Preis-, Lohn- und Lebenshaltungsniveaus usw. —, so bedarf es eben notwendigerweise der gemeinsamen Ausdruckseinheit für den Ansatz der Partialgegenstände im Totale. Diese Einheit liegt praktisch einzig in den Verkehrswertgrößen und wird heute in Geld ausgedrückt; wie denn jedes Wirtschaftsgut seinen derartigen in Geld bezifferten Verkehrswertausdruck hat und eben dadurch seine Eigenschaft als Wirtschaftsgut dokumentiert. Es kennzeichnet sich gegenüber Nicht-Wirtschaftsgütern ja geradezu äußerlich dadurch, daß es einen in gesellschaftlich anerkannten Maßeinheiten (Geldeinheiten) ziffernmäßig ausgedrückten Verkehrswert hat, mit anderen Worten: Preisträger ist. Hierbei bleibt es — wohlverstanden — vollkommen gleichgültig, ob das so wertbezifferte Objekt tatsächlich irgendwann zum Tausche gelangt oder nicht. Das Wesentliche, was der Preis besagt, ist eine bestimmt bemessene intersubjektive Wertschätzung, man kann sagen: eine Sozialisierung der subjektiven Bewertung.

Im Hinblick auf dieses gesellschaftliche Bewertungskompromiß — wie man den Marktpreis nennen kann — ist es erst möglich, und hat es einen besonderen Sinn, ganze Komplexe verschiedenartigster Wirtschaftsgüter als ein einheitliches Ganzes zu denken und damit die Vorstellung einer größeren oder geringeren in diesem Konglomerat beruhenden wirtschaftlichen Exploitationskraft zu verbinden („Vermögen" im wirtschaftlichen Sinne).

2. Es bedarf nach dem Gesagten kaum des Hinweises, daß man die Tatsachen geradezu umkehrt, wenn man den „Preis" (Verkehrswert), der seiner Entstehung und Geltung nach eine rein soziale Kategorie ist, als eine „privatwirtschaftliche" bezeichnet, während man dafür den stets individuellen, subjektiven Gebrauchswert als Maßstab des Volksvermögens fordert und dies den „volkswirtschaftlichen" Gesichtspunkt nennt. Man darf doch im Gegenteil sagen, daß die Erscheinung des Preises das einzige soziale Phänomen sei, welches sich unmittelbar und allgemein, ohne besondere Voraussetzungen, lediglich aus der Tatsache der gesellschaftlichen Wirtschaft heraus, als ein Überindividuelles auf der bunten Vielheit der psychisch-individuellen Gebrauchswertschätzungen aufbaut. Tatsache ist, daß der Verkehrswert (Preis) ein eminent sozial orientierter Begriff ist, der Gebrauchswert dagegen durchaus nicht. Letzterer stellt vielmehr stets etwas Individual-Psychisches, von verschiedensten Verumständungen bei der einzelnen Person gänzlich Abhängiges dar. Wer will den Gebrauchswert eines Kunstwerkes, als eines Teiles des Volksvermögens, einheitlich fixieren? Gibt es doch dem einen Menschen hundertmal so viel an ästhetischem Genuß (d. ist Gebrauchseffekt) als dem andern. Oder: Was bedeutet ein großer Vorrat an Kleidung, im Vergleich zu einem solchen an guten Wohnungen oder von Verkehrsmitteln oder Nahrungsmitteln oder Bildungsgegenständen usw.? Dem einen geht der Reisekomfort über den Wohnkomfort, dem andern steht der Nahrungsgenuß höher als der Bildungsgenuß. Überall eine unendliche Differenzierung in der subjektiven Bewertung der äußerlich (!) gleichen Verwendung und die Unmöglichkeit, so zu einer intersubjektiven Richtlinie zu gelangen, welche doch die Voraussetzung für den gesamten Wirtschaftsbegriff ist, wenn anders wir Wirtschaft als eine soziale Kategorie, Wirtschaftswissenschaft als eine Sozialwissenschaft stipulieren.

Daß — nebenbei — der sogenannte objektive Gebrauchswert, der in der älteren ökonomischen Werttheorie noch ein schemenhaftes Dasein fristet (z. B. Heizwert der Kohle, Nährwert des Fleisches) überhaupt nicht zur Erörterung stehen kann, weil er kein kulturwissenschaftlicher, sondern ein naturwissenschaftlich-technischer Begriff ist, braucht kaum angedeutet zu werden. Es bleibt daher nur der eben behandelte subjektive Gebrauchswert für die Diskussion der vorliegenden Frage.

3. Wollte man übrigens den subjektiven Gebrauchswert als Maßstab des Volksvermögens betrachten, so ergäbe sich daraus ohne weiteres die Folge, daß auch freie Güter, wiewohl ausdrücklich aus dem Bereiche der wirtschaftswissenschaftlichen Eigenbegriffe ausgeschieden, wiederum in den Begriff des Volksvermögens einzubeziehen wären. Begegnen sie doch, und zwar mit vollem Recht, vielfach der höchsten Gebrauchswertschätzung. Hier zeigt sich in voller Deutlichkeit die Grenze des einzelpsychischen Verwendungs-, d. h. Gebrauchswerts, und andererseits des durch die gesellschaftlichen Verkehrsbeziehungen gebildeten schließlichen Nivellierungseffektes, des sozialen Verkehrswertes oder Preises. Es ist, wie wir wissen, kein Zufall, daß das Preisproblem im Mittelpunkt der ökonomischen Theorie steht; denn es verkörpert gleichsam die Kennmarke des wirtschaftswissenschaftlichen Gebietes und gibt am vollkommensten die Handhabe, alles Nichtwirtschaftliche und damit auch die individual-psychische Kategorie der subjektiven Gebrauchsschätzung aus dem begrifflichen Eigengebiet der Nationalökonomie auszuscheiden.

Man beachte in diesem Zusammenhang, wie z. B. ein Karl Marx in seinen Begriffen Wert und Mehrwert stark im »Preise« verankert ist; man wird ihm nicht nachsagen können, er habe privatwirtschaftlich im Sinne von anti-sozialwirtschaftlich gedacht. Ferner sagt z. B. Lexis, die Untersuchungen über die individuellen Nutzschätzungen hätten zweifellos ihr Interesse und ihre wirtschaftliche Berechtigung; aber die Theorie des volkswirtschaftlichen Massenprozesses sei gänzlich unabhängig von ihnen. Auch Schmoller, obwohl doch nicht gerade Spezialarbeiter auf theoretischem Gebiet, hebt hervor, daß aus dem subjektiven Werte erst durch den Einfluß des gesellschaftlichen Kreises, der „Umgebung“, etwas hervorgehe, das er „objektiv“ nennt, wofür wir besser die Bezeichnung intersubjektiv oder sozial setzen. Daß dieses gesellschaftliche Zusammenwirken, wie es sich im Preise besonders rein und deutlich manifestiert, ein wesentliches Merkmal des Gegenstandes der Nationalökonomie darstellt, darauf haben unter anderen schon Marx und Rodbertus, ferner in neuerer Zeit, um nur einzelne Namen zu nennen, Adolph Wagner, Stammler, Stolzmann, Diehl, H. Dietzel, von Wieser, Amonn mit Nachdruck hingewiesen und zwar derart erschöpfend, daß ich hier nichts hinzuzufügen brauche. Höchstens darf ich darauf hinweisen, daß ich seit vielen Jahren für das Gebiet der abstrakten Theorie und insbesondere der wirtschaftswissenschaftlichen Grundbegriffslehre die beliebte schlagwortmäßige Antithese von Privatwirtschaft und Volkswirtschaft unter ausführlicher Begründung abgelehnt habe, worauf ich mich hier summarisch beziehe.

4. Vermögensgegenstände — also auch Gegenstände des Volksvermögens — können ebensowohl greifbare wie nicht greifbare Dinge sein (Sachgüter und Immaterialia), aber stets nur Wirtschaftsgüter.

Wenn wir einerseits einer unwirtschaftswissenschaftlichen Ausweitung des Volksvermögensbegriffs entgegengetreten sind, so ist auf der anderen Seite zu betonen, daß sich Vermögen und Volksvermögen nicht in materiellen Gütern erschöpfen, wie ja auch die Wirtschaftsgüter als solche nicht auf greifbare Dinge beschränkt sind (vgl. dazu Näheres in meiner Abhandlung: „Sozialökonomische Begriffsentwicklung des Vermögens und Volksvermögens. Zugleich als Beitrag zur volkswirtschaftlichen Güterlehre“. In den Jahrbüchern für Nationalökonomie und Statistik, 1916).

Das ist praktisch besonders wichtig, um die Vorstellung zu beseitigen, daß man das Volksvermögen durch Registrierung der vor Augen liegenden Wirtschaftsgüter und deren Bewertung darstellen könne. Der gesellschaftliche Wertansatz hat vielmehr für äußerlich gleiche Objekte je nach Hinzutritt besonderer preisverursachender Verhältnisse (Verhältnisgüter im Sinne von Böhm-Bawerk) in ganz verschiedener Höhe zu erfolgen, und ferner sind unter Umständen kleinere oder größere Komplexe von äußerlich als selbständig erscheinenden Wertobjekten zu einem gesamthaften Gutsbegriffe zu vereinigen, wobei in der Regel der Verkehrswert dieses Ganzen nicht unerheblich von der Wertsumme der isoliert gedachten Teile abweicht. Das geht soweit, daß sich z. B. bestimmte Gebäude, Maschinen, Grundstücke bestimmter Lage mit einer Reihe sonstiger mitwirkender materieller und immaterieller Dinge zu einem einheitlichen Wirtschaftsgut und Volksvermögensobjekt »Unternehmung usw.« vereinigen, und die Vermögensbedeutung dieses zusammengesetzten Gutes durch Kapitalisation eines nachhaltig von diesem Unternehmen erzielten Ertrages ausgedrückt wird. (Vergleiche Näheres in meiner Arbeit: „Volksvermögen und Staatskredit in Krieg und Frieden“. Heft 47 der Finanz- und volkswirtschaftlichen Zeitfragen, 1918.) Die richtige Erfassung dieser Gesamteffekte und ihrer Vermögensbedeutung bildet eine der Hauptschwierigkeiten für die statistische Fassung des Volksvermögens als Verkehrswertsumme. Darüber wird im nachfolgenden noch zu sprechen sein.

Eine besondere Bemerkung beanspruchen vielleicht noch die Rechte in ihrer Stellung zum Volksvermögen. Man ist gewöhnt, gewisse Rechte schlechthin als Vermögensobjekte anzusehen, und diese Vorstellung des täglichen Lebens hat es vielleicht mitverschuldet, daß auch mancher selbständig denkende Volkswirtschafter zu der oben kritisierten Trennung zwischen Vermögen im privatwirtschaftlichen und volkswirtschaftlichen Sinne hinneigt, um die betreffenden Rechte als Doppelzählungen aus der volkswirtschaftlichen Zusammenfassung auszuscheiden.

Geldwerte Rechte sind indes bei näherer Überlegung nicht Vermögensobjekte an sich, sondern das Recht dient lediglich der Verfügbarmachung gewisser ohnedies vorhandener Güter im wirtschaftlichen Verkehr. Wenn also äußerlich das Recht schlechthin als Vermögensgegenstand betrachtet und als solcher in der Tagessprache bezeichnet wird, so ist es genau genommen doch nur der Verkörperer bzw. die Formgebung für ein wirtschaftliches Verhältnisgut, welches ohne diese rechtliche Formung der Verfügbarkeit oder Ausübung in der Gesellschaft entbehren würde, also tatsächlich nicht oder nur mangelhaft diese für das Wirtschaftsgut notwendige Vorbedingung erfüllen würde. Ein Wegerecht z. B. ist als Wirtschaftsgut und als Vermögensobjekt nichts anderes als die rechtlich erfaßte und verfügbar gemachte Zeitersparnis oder sonstige Annehmlichkeit, welche mit dem Beschreiten des Weges verbunden ist. Das betreffende Wirtschaftsgut heißt etwa „geldwerte Zeitersparnis" oder dgl., und ihm steht eine entsprechende Minderung des belasteten Grundstücks in seiner Bedeutung als Wirtschaftsgut für den Eigentümer gegenüber.

Die Rechte bieten demnach weder besondere Schwierigkeiten für die Begriffsfassung des Volksvermögens, noch geben sie irgendwelchen Anlaß, je nach ihrer Mitberücksichtigung oder Nicht-Mitberücksichtigung eine Scheidung in privatwirtschaftliches und volkswirtschaftliches Vermögen vorzunehmen.

5. Vermögen (bzw. Volksvermögen) im wirtschaftswissenschaftlichen Sinne ist:

a) In seiner Naturalerscheinung: Die einer Person oder einem Personenkreise (bzw. einem Volke) nach Abrechnung aller Verpflichtungen zur Leistung von Wirtschaftsgütern an Außenstehende verbleibende Gesamtheit solcher preistragender Güter.

b) Als bezifferte Wertgröße: Die Verkehrswertsumme des eben bezeichneten naturalen Komplexes, dargestellt in Einheiten eines allgemeinen Preisausdruckmittels, unter heutiger Wirtschaftsorganisation: in einer Geldsumme.

Nach den voraufgehenden Ausführungen bleibt zur Begründung dieser These kaum etwas Wesentliches zu sagen übrig. Höchstens könnte man sich fragen, weshalb diese äußerlich zweispurige Definition des Vermögens bzw. Volksvermögens gegeben wird.

Die Unterscheidung des naturalen Erscheinungskomplexes von dem Verkehrswertkomplex soll indes keine andere Bedeutung haben als diejenige der nämlichen Doppelvorstellung, welche beim Begriff des Wirtschaftsgutes oder des Einkommens im Grunde obwaltet, ohne daß deshalb ein ausschließendes Entweder-Oder vorliegt. Es handelt sich vielmehr in allen diesen Fällen jeweils nur um die vorwiegende Betonung hier der naturalen Erscheinung, dort des strengeren wirtschaftlichen Effektes, je nach der Natur der einzelnen aufgeworfenen Frage. Und da darf behauptet werden, daß für die tiefergreifenden ökonomischen Probleme unbedingt der Wertsummencharakter in Frage steht. Wenn das schon für den Begriff des Wirtschaftsgutes und noch mehr für denjenigen des Einkommens zutrifft, so ist es vollends für den Vermögensbegriff plausibel, insofern dieser neben demjenigen des Wirtschaftsgutes, wie gesagt, wesentlich dadurch seine Selbständigkeit erhält, daß er eben aus der Verschiedenheit der naturalen Qualität in das Quantitativ-Gesamthafte hinüberweist.

Diese letztere Tatsache ist schließlich auch festzuhalten gegenüber dem verschiedentlich geäußerten Einwande, daß für den Volksvermögensbegriff doch auch die *Verteilung* von maßgeblicher Bedeutung sei. Dies ist nicht zutreffend. Die Verteilung der Wirtschaftsgüter in der Gesellschaft hat sicherlich eine hohe Bedeutung. Aber das bildet vollständig eine *Frage für sich*, ein sozialpolitisch und wirtschafts-Vermögensvorstellung notwendig inhärent ist, vielmehr ein gesondertes theoretisch wichtiges Untersuchungsgebiet, welches aber keineswegs der weiteres Untersuchungsfeld auf Grund der vorher geklärten Vermögensfragen bedeutet.

Ganz den gleichen Einwand könnte man in bezug auf den Begriff des Volkseinkommens erheben, und doch geschieht das dort nicht.

Es kommt niemandem in den Sinn zu behaupten, man könne den Begriff des Volkseinkommens nicht zulänglich fassen, ohne auf die soziale Verteilung mit einzutreten; einhellig spricht man von einer Vergrößerung oder einer Verringerung des Volkseinkommens, ohne dabei etwas über eine Veränderung in der Verteilung aussagen zu wollen. Der Grund der Abweichung liegt wohl hauptsächlich darin, daß für die Begriffskonzeption des Volkseinkommens viel unmittelbarere und praktisch dringlichere Veranlassungen gegeben sind als für diejenige des Volksvermögens. Und so schweift man in der Frage nach dem letzteren gelassen über das Wirtschaftliche hinaus ins Ethische, ins Außerökonomisch-Soziale, ins allgemein Kulturelle. Der nationalökonomischen Begriffsklarheit ist damit nicht gedient, auch wenn wir an den edeln und menschenfreundlichen Absichten derjenigen, welche gern alle diese Gebiete unter dem Zeichen der Nationalökonomie umspannen möchten, nicht zweifeln wollen.

II. Zur statistischen Erfassung.

6. Als statistische Methode zur ziffernmäßigen Erfassung des Volksvermögens ist die subjektive (Personalmethode) der objektiven (Realmethode) überlegen. Für eine feinere namentlich vergleichende Bezifferung sind im einzelnen Falle verschiedene theoretische Vorfragen zu klären.

Die Statistik hat von Anfang an bei ihren Versuchen einer Ermittlung des Volksvermögens den Begriff desselben im ganzen so gefaßt, wie ich ihn oben umschrieben habe, d. h. für eine Bezifferung: als Verkehrswertsumme der den Angehörigen des Volkes nach Abzug der Belastungen zugehörenden Wirtschaftsgüter.

Von diesem scharf und bewußt begrenzten Erkenntnisobjekt haben sich die statistischen Autoren, von wenigen Ausnahmen abgesehen, nicht ablenken lassen, obwohl es an Konfundierung des Begriffes Volksvermögen mit demjenigen des Volkswohlstandes oder gar der gesamten kulturellen Volkskraft bei Theoretikern während des ganzen 19. Jahrhunderts und schon früher nicht gefehlt hat. (Für Näheres verweise ich auf meine Abhandlung: Die statistischen Versuche einer Erfassung des Volksvermögens, Heft 1, Jahrgang 1915, der Zeitschrift für schweizerische Statistik.)

Daß der Volkswohlstand, ein persönlicher bzw. sozialer Zustand, und andererseits das Volksvermögen, eine für das Wirtschaften bedeutsame reale Masse, noch bei den englischen Klassikern, so auch bei Adam Smith und Ricardo, als Erkenntnisobjekte ineinander überfließen, läßt sich beim damaligen Stande der Forschung und namentlich angesichts der noch ziemlich wenig zugeschärften theoretischen Problemstellung wohl begreifen. Demgegenüber muß aber gerade den Engländern, und zwar bereits den Autoren der vorklassischen Zeit, wie William Petty, zugestanden werden, daß sie schon früh das Problem einer zahlenmäßigen Zusammenfassung der Wirtschaftsgüterkomplexe des Landes in einer Wertsumme gestellt und seine Lösung versucht haben. Und auch diejenigen Engländer, welche, wie z. B. Ricardo, unter dem unwillkürlichen Einfluß der Nutzwertvorstellung die besondere wirtschaftstheoretische Bedeutung gerade der marktmäßigen Bewertung, ergo Preissumme, aus dem Auge verlieren und daher das Volksvermögen lediglich als naturalen Güterkomplex begreifen, halten sich, in bemerkenswerter Klarheit über die Grenzen des wirtschaftswissenschaftlich Interessierenden, durchweg fern von der Hineintragung außerwirtschaftlicher Begriffselemente in ihre Fassung des Volksvermögens. So namentlich auch die Nachklassiker, von denen z. B. John Stuart Mill wie folgt definiert: „Wealth may be defined: all useful or agreeable things, which possess exchangeable value; or, in other words, all useful or agreeable things except those things which can be obtained, in the quantity desired, without labour or sacrifice."

Für den Statistiker lautet das Problem unbestritten so, daß die Verkehrswertsumme gesucht wird. Betrachtungen über einen anderen, angeblich richtigeren Wert scheiden aus. An dem Maßstabe der mehr oder weniger genauen Ermittelung des Verkehrswertes der Vermögensteile ist also auch die Eignung der Ermittlungsmethoden zu messen.

Da bietet die objektive Methode mit ihrer Inventarisierung nun scheinbar den Vorteil der größeren Vollständigkeit in der Zahl der Objekte. Scheinbar, denn eine große Menge namhafter Wertträger ist grundsätzlich der statistischen Inventur unzugänglich. Die Inventarisierung erfaßt nur die einzelnen vor Augen liegenden Gegenstände. Ihr Einzelwert läßt sich bestenfalls in Summa veranschlagen, nicht aber werden immaterielle Wertträger mit ihrem so bedeutenden Anteil am Gesamtwerte dabei erfaßt (Fabrikinventar gegenüber Aktienwert der Fabrik). Wagner streift diesen Punkt einmal (Zur

Methodik der Statistik des Volkseinkommens und Volksvermögens, mit besonderer Berücksichtigung der Steuerstatistik; Zeitschrift des Preuß. Statist. Bureaus, 1904, S. 58), indem er treffend das Beispiel bringt, die Werte der gewerblichen Gebäude seien faktisch untrennbar zusammenhängend mit dem ganzen gewerblichen Reinertrage. — Und ein weiterer Mangel: die Objekte, die erfaßt worden sind, sollen vom Statistiker zu ihrem Verkehrswerte geschätzt werden. Wer sich mit der Theorie der Preisbildung (Verkehrswertbildung) beschäftigt. wird bald erkennen, daß und warum das unmöglich ist, sobald man genauer zu werden beginnt. Wie will ein einzelner z. B. wissen, in welchem Maße hier und dort der Verkehrswert eines Gutes von einer Vervielfachung der Stückzahl berührt wird, wobei doch hundert Faktoren in verschiedensten Variationen mitspielen? — Man darf nicht glauben, da etwa nach Stichproben gehen zu können. Jedes Plus oder Minus in der Verkehrsvorratsmenge bringt sofort die Wagschale des Wertansatzes für jedes Stück in Bewegung (Grenzwert!). Und weiter: tausende anderer Wagschalen geraten, indirekt, mit in Bewegung, ja in einem ungeahnt weiten Kreise von Gütern. Wie stark wirken nun die unzähligen möglichen Variationen in den Mengen und Wertschwankungen jeder einzelnen Güterkategorie auf die wiederum unzähligen anderen Güter ein? — Das ist vom einzelnen (d. h. deduktiv) unlösbar.

Endlich liegt noch ein schwacher Punkt der Realmethode darin, daß das Vermögen der Inländer im Auslande, und umgekehrt, nur so unvollkommen gesondert festzustellen ist. Die Annahme einer gegenseitigen Kompensation wäre eine allzu bequeme Umschiffung der Klippe.

Aus allen diesen Gesichtspunkten muß die objektive Methode für den Statistiker durchweg an zweite Stelle gesetzt werden.

Die subjektive Methode hat zunächst den Vorzug, daß sie Güter jeder Art, sozusagen alles, was Wert hat, zu erfassen imstande ist. Man braucht als Außenstehender keine Schätzungen vorzunehmen, sondern der fertige Wertansatz wird in die Statistik übernommen, wenn man sich auf Erbschafts- oder auf Vermögenssteuer stützt. Nur bei der Einkommensteuer als Grundlage ist noch eine Zwischenoperation, die Kapitalisierung, erforderlich, die aber immerhin weit weniger Willkürliches enthält als die freie Schätzung des naturalen Inventars. Daß auch bei der subjektiven Methode noch manche Vermögenswerte unberücksichtigt bleiben, soll nicht bestritten sein. Auch darauf macht Wagner (S. 62 a. a. O.) aufmerksam; aber immerhin ist der Gradunterschied gegenüber der objektiven Methode in der Vollständigkeit und Exaktheit der Erfassung augenfällig.

Dadurch, daß bei der subjektiven Methode das Schätzungsverfahren gewissermaßen der Gesamtheit der Kreise überlassen bleibt, welche bei der Verkehrswertbildung selbst beteiligt sind, erhalten die Wertansätze jene Feinheit, die einer Schätzung von seiten einer einzelnen, wenn auch noch so sachkundigen Stelle abgehen müßte. Wo Tausende oder Millionen von Menschen gleichzeitig, ein jeder für seinen engen, ihm vertrauten Sachbereich, die Vermögensgesamtheit bewerten, da wird die Wertsumme — im großen und ganzen — für den betreffenden Zeitpunkt direkt konstatiert, nicht berechnet. Dadurch entfallen die ungeheueren Schwierigkeiten, die sich dem Statistiker — wenn er nicht äußerst grob arbeiten will —, entgegenstellen bei seinen tastenden Bewertungsversuchen; Schwierigkeiten, die man schlechthin für ihn als unüberwindbar bezeichnen darf. Den bisherigen bahnbrechenden Versuchen nach der Realmethode darf man sicherlich die Außerachtlassung jener Punkte zugute halten; aber in Zukunft werden diese mit fortschreitender Verfeinerung der Untersuchungen an Bedeutung gewinnen.

Zuungunsten der Personalmethode sprechen eigentlich nur Umstände, welche sich aus der Natur der Steuerauflage ergeben: Es gibt z. B. Vermögen, welches von der Steuer nicht miterfaßt wird wegen seiner Natur als Gebrauchsvermögen im Gegensatz zu werbendem; ferner: Freilassung gewisser Minima, welche sozusagen bei jeder Steuer aus sozialpolitischen oder steuertechnischen Gründen Platz greift; Nichterfassung des öffentlichen Vermögens durch die Steuer. — Als Gesamtresultat steht jedenfalls die subjektive Methode in ihrer Überlegenheit außer Zweifel, wie das auch von Adolph Wagner eingehend dargelegt wird. Im übrigen muß man die klaren Ausführungen Wagners um so höher schätzen, als selbst bei vereinzelten statistischen Fachleuten immer noch wieder Rückfälle von dem statistisch interessierenden ziffernmäßigen Volksvermögensbegriffe in der Richtung zum Wohlstands- oder gar Volkskraftbegriffe hin erfolgen (so z. B. Schnapper-Arndt gegenüber Fellner auf dem statistischen Kongreß 1901, Bulletin S. 186).

Wenn wir somit der Statistik ihr Bemühen um Ermittelung des zahlenmäßigen Volksvermögens, der Verkehrswertsumme, zugestanden und dabei gesehen haben, daß hierfür die subjektive Methode im allgemeinen den geeigneteren Weg darstellt, so mögen andererseits einige bedenkliche Punkte nicht unausgesprochen bleiben, namentlich zu den internationalen Vergleichungen. Dabei will ich mich auf kurze Andeutungen beschränken.

Da ist z. B. die verschiedene Bedeutung der freien Güter in zwei verglichenen Ländern zu erwähnen; Wagner hebt das bereits eingehend in seinen Abhandlungen hervor. In Italien z. B. liefert die Sonne zum großen Teil jene Wärme und sonstige Nutzleistungen umsonst, für welche der Nordländer schwere Kosten aufzuwenden hat. Durch die so entstandenen „Vermögensobjekte" gelangt letzterer also gewissermaßen erst auf das Naturgabenniveau der südlichen Länder. Es ist klar, daß dies bei der Volksvermögensvergleichung, je nach dem Zwecke, nicht unberücksichtigt bleiben darf, auch dann nicht, wenn wir — erwähntermaßen — freie Güter an sich von den Gegenständen des Volksvermögens ausschließen müssen. Ebenso fallen Unterschiede im Klima, den natürlichen Verkehrswegen und dgl. ins Gewicht. — Dazu kommen noch andere Faktoren, die beachtet werden sollten. So bilden sich z. B. Preise für Vermögensgegenstände hier auf der Basis eines äußerst schmalen Marktes, dort dagegen auf breitestem Marktfundament. Man erkennt das, wenn man etwa den Markt für seltene Gemälde oder für feine Weine demjenigen für Getreide gegenüberstellt. Ferner: In einem Falle handelt es sich um äußerst preisbeständige Objekte, im anderen um solche, die vielleicht von Moment zu Moment stark verändert, unter Umständen fast entwertet (Mode!) werden können. Trotzdem addiert die Statistik das eine Marktresultat schlechthin zum andern, ohne jeden unterscheidenden Koeffizienten. Diesen meines Erachtens wichtigen Punkt, den man die Disparität der Märkte nennen kann, vermag ich hier nur anzudeuten.

Als letztes möchte ich nur noch auf ein Moment hinweisen: Die Psyche des Volkes ist in höherem Maße als man glaubt, souverän in der Bestimmung dessen, was sie als preistragendes Gut mit in den Kreis ihrer Vermögensobjekte ziehen will. Der moderne Kapitalismus ist da weit feinfühliger und griffsicherer als z. B. das mittelalterliche Handwerkertum; wir wollen dabei jedes moderne Schwindelmanöver außer Betracht lassen. Man sagt nicht zuviel, wenn man behauptet, daß die kaufmännisch-kapitalistische Anschauung der Güterwelt geradezu Wertvermögensmassen aus der Erde stampfe. Die Gründung von Erwerbsgesellschaften, die rationelle Bewertung von Aktien, der geldliche Ausdruck und die werbende Benützung organischer und technischer Kräfte, die ganze oben schon erwähnte Kapitalisierung dauernder Erträge zu Vermögen, das sind alles Erscheinungen, historisch wandelbar, welche der Neuzeit, hier stärker, dort weniger stark, ihr besonderes Gepräge geben. Der verschiedenen Intensität des wirtschaftlichen Lebens und Denkens entspricht ein total verschiedener Kreis und Grad des geldlich „Bewertbaren", ergo der Vermögenswertsumme. Das gilt örtlich wie zeitlich. Man wende nicht ein, es herrsche dann in einem Falle Unsolidität, im anderen ernste, solide Auffassung und Bewertung. Wer so leichthin urteilen sollte, der frage sich zunächst einmal, warum er denn selbst täglich als Westeuropäer die von ihm gerügte „Unsolidität" mitmache. Nein, es handelt sich hier um die einheitliche Erscheinung der wirtschaftspsychologischen Grundlage und Weiterentwicklung des Kapitalismus.

Der Statistiker wird, wie ich glaube, die angedeuteten theoretischen Gesichtspunkte bei künftigen vertieften Versuchen über das zahlenmäßige Volksvermögen nicht außer acht lassen dürfen.

Er braucht aber deshalb nicht skeptisch zu werden, denn auch die Erreichung der bestmöglichen Annäherung, unter Vermeidung gewagter Schlußziehungen und Vergleichungen, darf auf so schwierigem Gebiete Anspruch auf volle Beachtung und Anerkennung erheben. Und schließlich: Da es sich in aller Regel bei den Bezifferungsversuchen des in einem Lande vorhandenen Vermögens um eine Totalsummierung der in ihren Verkehrswerten ausgedrückten Güter handelt, — im Gegensatze zur Herausgreifung und Wertsummierung bestimmter einzelner Güterkategorien —, so wird immerhin ein Teil der vorhin angebrachten theoretischen Monita praktisch gegenstandslos dadurch, daß sich in der Totalität der bewerteten Güterarten Plus und Minus der Ansätze bis zu einem gewissen Grade unmittelbar in ihrer Wirkung ausgleichen. So darf man z. B. allgemein annehmen, daß, eben weil in einer bestimmten Volkswirtschaft eine wiederum bestimmte Güterkategorie verhältnismäßig hoch im Preise steht, andere Güterarten dadurch in der intersubjektiven Bewertung zurückgedrängt werden, indem die verfügbaren Kaufkraftmittel für die erstgenannte Spezies in relativ starkem Maße in Anspruch genommen werden. Und ebenso umgekehrt: wenn und weil gewisse Güterkategorien im Verkehr niedrig bewertet sind oder sogar durch freie Güter surrogiert werden, ergibt sich als unmittelbare Reflexerscheinung eine Preiserhöhung anderer Güter, auf deren Erlangung sich alsdann eine größere Kaufkraftmenge konzentrieren kann und tatsächlich konzentriert. Durch diese Interdependenz aller Preise wird, — wie nach dem soeben Angedeuteten nicht näher ausgeführt zu werden braucht —, um so mehr von den allfälligen Unstimmigkeiten kompensiert, je größer das zur Untersuchung stehende Wirtschaftsbassin ist. Das darf immerhin auch für internationale Vergleichungen als verbesserndes Moment betont werden, zumal dann, wenn die Einkommensverhältnisse und die dadurch bedingte durchschnittliche Kaufkraft der verglichenen Gebiete nicht stark voneinander abweichen.

Zusammenfassend läßt sich sagen, daß das Volksvermögen im Sinne der Verkehrswertsumme der Wirtschaftsgüter, wie es der Statistik als Problem vorliegt, eine unbestreitbare hohe und selbständige theoretische Bedeutung hat. Eine Übertragung der Bezeichnung auf andere Probleminhalte erscheint daher nicht gerechtfertigt, noch weniger eine Bemängelung des Umstandes, daß sich die Statistik unbeirrt von einer Hineinziehung anderer Dinge als der preistragenden Güter in den Untersuchungsbereich und in die Formulierung der gesuchten Größe fernhält.

Sie erweist hierdurch der — in dieser Beziehung noch nicht allenthalben genügend scharfen — theoretischen Einsicht im Gegenteil einen Hilfsdienst, indem sie zu ihrem Teil den Wirtschaftstheoretiker zu seinem eigensten Nutzen auf die Grenzen seines Forschungsgebietes hinweist da, wo ihm Gefahr droht, sie im Übereifer zu überschreiten.

Die Begriffe „Volksvermögen" und „Volkseinkommen" bei den Statistikern.

Von

F. Zizek, Frankfurt a. M.

Inhaltsverzeichnis.

I. Einleitung.

Die mir vom „Unterausschuß für theoretische und soziologische Forschung" übertragene Aufgabe fasse ich dahin auf, daß ich darzulegen habe, welche Begriffe des Volksvermögens und Volkseinkommens die Statistiker bei ihren Untersuchungen zugrunde gelegt haben; auf Grund dieser Vorarbeit werden dann die Auffassungen der Statistiker mit jenen der Nationalökonomen verglichen werden können; die sich zeigenden Meinungsverschiedenheiten werden meines Erachtens vom Standpunkte der Zwecke, denen Berechnungen des Volksvermögens und Volkseinkommens dienen können, zu beurteilen sein. In der folgenden Darstellung möchte ich außer denen, die selbständige Berechnungen durchgeführt haben, auch jene Autoren berücksichtigen, die sich zu den vorliegenden Berechnungen oder zu einzelnen Punkten derselben kritisch geäußert haben bzw. Verbesserungsvorschläge gemacht haben. Da taucht vor allem die Frage auf, ob denn die Statistiker auf wirtschaftlichem Gebiete berechtigt sind, besondere — von den nationalökonomischen Begriffen eventuell abweichende — *statistische Begriffe* aufzustellen. Fragen wir lieber, wieso es dazu kommt. Viele ökonomische Begriffe sind, wenn sie bei der tatsächlichen Durchführung einer statistischen Erhebung zugrunde gelegt werden sollen, zu wenig präzis; sie bieten der praktischen Statistik keine genügenden Anhaltspunkte für die Behandlung der zahlreichen in der Wirklichkeit vorkommenden Grenz- und Übergangsfälle. Die Statistik muß daher solche Begriffe schärfer formulieren, eventuell auch durch Hinzufügung kasuistischer Erläuterungen. Ein Nationalökonom wird bei der Definition des Streikes gewiß nicht daran denken festzusetzen, wie viele Arbeiter mindestens die Arbeit niedergelegt haben müssen, damit von einem „Streik" gesprochen werden könne, — *kann ein* Arbeiter streiken, genügen dazu zwei Arbeiter usf.? Die Statistik muß darüber im klaren sein. Der Nationalökonom wird als Maßstab der Größe eines Streikes unter anderem „die Zahl der streikenden Arbeiter" bezeichnen; der Statistiker muß sich entscheiden, ob er sich auf die Höchstzahl der gleichzeitig Streikenden oder auf die Durchschnittszahl der Streikenden oder auf die Gesamtzahl der überhaupt am Streike in irgendeinem Zeitpunkte beteiligten Arbeiter stützen will. Die praktische Statistik muß genau festlegen, in welchen Fällen ein Untermieter als selbständige Haushaltung zu zählen ist. Man denke schließlich an die statistische Definition des Begriffes des „gewerblichen Betriebes" und dessen zahlreiche Unterarten (Einzelbetrieb, Teilbetrieb, Gesamtbetrieb, Gehilfenbetrieb). Ferner sind die nationalökonomischen Begriffe — abgesehen von ihrer für die praktische Statistik oft unzulänglichen Präzision — vielfach umstritten; an welche Definition, an welche „Autorität" soll sich die Statistik halten? Sie kann sich doch nicht in den Dienst einer bestimmten einzelnen Theorie stellen, sondern muß trachten, möglichst neutral vorzugehen. Hierzu kommt, daß die statistische Erfassung immer an relativ wenige, mehr oder weniger äußere Merkmale anknüpfen muß; manche nationalökonomische Begriffe — z. B. bäuerlicher Betrieb, Fabrik — sind für die statistische Praxis viel zu kompliziert; diese vereinfacht daher den Begriff (für den bäuerlichen Betrieb wird in der Statistik lediglich die Größe der zum Betrieb gehörigen Bodenfläche als maßgebend angesehen) oder sie wendet ihn überhaupt nicht an (Verzicht auf die Erfassung der Fabriken bei der gewerblichen Betriebszählung). Manche nationalökonomische Begriffe eignen sich wegen ihres abstrakten Charakters für die die Charakterisierung der Wirklichkeit anstrebende Statistik überhaupt nicht; bei einer statistischen Erhebung könnte man z. B. offenbar nicht nach der Höhe des „Einkommens aus Grundrente" fragen.

So muß die Statistik denn oft ihre eigenen Wege gehen. Von den verschiedenen Wegen, die manchmal in Betracht kommen, wird die Statistik natürlich jenen wählen, der der praktischen statistischen Erhebung die geringsten Schwierigkeiten bereitet, bzw. jenen, der — in manchen Fällen — allein für die Statistik gangbar ist. Was dann so statistisch erfaßt wurde, tritt unter dem Namen eines ökonomischen Begriffs auf; aber was die statistische Zahl eigentlich besagt, ergibt sich erst, wenn der Gang der Erhebung bzw. der Berechnung genau ins Auge gefaßt und analysiert wird. Häufig behilft sich die Statistik bekanntlich in der Weise, daß sie Aufzeichnungen verwertet, die für irgendwelche nichtstatistische Verwaltungszwecke (Besteuerung, Rechtspflege, Versicherung, Polizei) gemacht worden sind, und sie übernimmt dabei die in dem betreffenden „vorstatistischen" Stadium zugrundegelegten Begriffe; in der Einkommenstatistik z. B. lebt der im Steuergesetz geprägte Einkommensbegriff, leben die im Steuergesetz in bestimmter Weise definierten Einkommensarten fort.

In der angedeuteten Weise gestaltet sich auch das Verhältnis der statistischen Begriffe Volksvermögen und Volkseinkommen zu den entsprechenden nationalökonomischen Begriffen. Weyermann sagt von der nationalökonomischen Behandlung des Volksvermögens, sie habe zu sehr vielen, voneinander abweichenden Ergebnissen geführt, „man kann nicht behaupten, daß der gegenwärtige Stand der Behandlung dieser Fragen theoretisch befriedigend sei“. „So darf es auch nicht wundernehmen, ... daß dann die Statistik, welche in den letzten Jahrzehnten aus verschiedenen Gründen ein selbständiges Interesse an Fragen der angedeuteten Richtung bekundete, schließlich ohne theoretische Fundierung des Gegenstandes auf eigene Faust vorging“ (Sozialökonomische Begriffsentwicklung des Vermögens und Volksvermögens, Jahrbücher für Nationalökonomie und Statistik, III. Folge, 52. Band, 1916, Seite 150). Robert Meyer sagt, der unbefriedigende Stand der Methodik der Berechnung des Volkseinkommens sei zum Teil den theoretischen Unklarheiten der Einkommenslehre zuzuschreiben, welche bewirken, daß fast jeder einzelne Forscher ein anderes Ganzes als Volkseinkommen im Auge habe, und daß eben deshalb eine konsequente Fortbildung der Methode sich nicht entwickeln konnte (Artikel Einkommen, Handwörterbuch der Staatswissenschaften, 3. Auflage, III. Band, Seite 672).

Die Statistik hat zur Berechnung des Volksvermögens und des Volkseinkommens vor allem zwei grundsätzlich verschiedene Wege beschritten, den der objektiven oder realen Methode und den der subjektiven oder personalen Methode [1]. Die erstere Methode geht von den Wirtschaftsobjekten (Gütern) aus; bei der Berechnung des Volksvermögens kommen die in einem bestimmten Zeitpunkt im Vermögen der einzelnen Angehörigen eines Volkes sowie der öffentlichen Körperschaften befindlichen Güter in Betracht; diese Güter werden nach Gattungen (Grund und Boden, Gebäude usf.) erfaßt — gegebenenfalls durch Verwertung der vorhandenen einschlägigen Statistiken —, und es wird ihr Gesamtwert ermittelt; bei der Berechnung des Volkseinkommens nach der objektiven Methode handelt es sich um den Wert des in Gütern und Dienstleistungen gedachten „Reinertrages der Volkswirtschaft“ in einem bestimmten Zeitraume, in der Regel in einem Jahre. Die subjektive oder personale Methode hält sich an die

[1] Gini (L'ammontare e la composizione della richezza delle nazioni, Turin 1914) unterscheidet allerdings sieben Methoden, die sich jedoch in die im Text unterschiedenen zwei bzw. (vgl. d. folg. Abs.) drei Gruppen einreihen lassen.

Wirtschaftssubjekte; sie will die Summe der Einzelvermögen bzw. Einzeleinkommen feststellen und verwertet zu diesem Zwecke in der Regel die Veranlagungsgrundlagen von Vermögens- und Einkommensteuern, bzw. richtiger gesagt, sie geht von der Summenziffer der diese Veranlagungsgrundlagen verwertenden Statistik der Einzelvermögen bzw. Einzeleinkommen aus, und versucht von dieser Summenziffer der versteuerten Vermögen bzw. Einkommen mit Hilfe gewisser Zuschläge zur Summenziffer aller Vermögen bzw. Einkommen zu gelangen. Zur subjektiven (personalen) Methode gehört auch die Verwertung der Erbschaftsstatistik für die Berechnung des Volksvermögens; da wird von einem Teil der Einzelvermögen — von jenen, die den Besitzer gewechselt haben — ausgegangen. R. Meyer (a. a. O. Seite 669) unterscheidet, was die Berechnung des Volkseinkommens anlangt, auch noch eine „gemischte Methode“: Berechnung des Volkseinkommens aus Daten über Einkommenszweige oder Ertragsteile, ohne daß die auf die einzelnen Wirtschaften entfallenden Gesamteinkommen (Einzeleinkommen) vorliegen würden (Hauptfall: Verwertung der englischen Income tax). Die Bezeichnung „gemischte Methode“ ist übrigens unseres Erachtens nicht zutreffend; es handelt sich nicht um irgendeine Kombination der objektiven und subjektiven Methode, sondern um ein selbständiges drittes Verfahren, das man vielleicht besser „Methode der Berechnung des Volkseinkommens nach Einkommenquellen“ nennen könnte. Ein analoges „gemischtes“ Verfahren finden wir auch bei der Berechnung des Volksvermögens, und zwar wenn die einzelnen aus Besitz fließenden Einkommenszweige — wie es Giffen für England getan hat — kapitalisiert und zusammengefaßt werden; man könnte da statt von einer „gemischten“ von einer „Methode der Kapitalisierung nach Einkommensquellen“ sprechen. Auf der Linie des „gemischten“ Verfahrens liegen auch die neuesten Versuche das deutsche Volkseinkommen zu berechnen, indem zunächst das deutsche Lohneinkommen ermittelt wird — wofür die staatlichen Einnahmen aus den Lohnsteuerabzügen einen Anhaltspunkt geben —, und indem dann die sonstigen Einkommenszweige so gut es geht hinzugefügt werden. Die meisten Autoren verzichten übrigens darauf, die neuesten Ziffern durch grundlegende neue Berechnungen zu gewinnen, sie gehen vielmehr von den Vorkriegsberechnungen aus und versuchen diese durch verschiedene Abstriche auf den neuesten Stand zu bringen (vgl. z. B. Helfferichs nach seinem Tode erschienenen Aufsatz „Volksvermögen, Volkseinkommen und Steuerlast einst und jetzt“, Weltpolitik und Weltwirtschaft, Januar 1925).

Fast alle statistischen Autoren stehen auf dem Standpunkt, daß die Endergebnisse der verschiedenen nebeneinander möglichen statistischen Methoden grundsätzlich zahlenmäßig übereinstimmen müßten; doch hat man allerdings bemerkt, daß sich die Kreise der durch die verschiedenen Methoden erfaßten Werte tatsächlich in manchen Punkten nicht decken. Wie sind solche Diskrepanzen zu beurteilen? Es fehlen die entscheidenden Richtlinien, die nur ein präziser nationalökonomischer Begriff bieten könnte; mit diesem Begriff — und nicht nur untereinander — müßte man die einzelnen statistischen Methoden und die darin zum Ausdruck gelangenden Begriffselemente vergleichen, und dieser ökonomische Oberbegriff müßte die Korrekturen bestimmen, die an den Ergebnissen der verschiedenen statistischen Methoden vorzunehmen sind, um sie in Übereinstimmung zu bringen. Wir wollen im folgenden nicht jede einzelne statistische Methode für sich analysieren, sondern gleich einige prinzipielle, für jede Methode maßgebende Fragen herausgreifen und — hauptsächlich referierend — darlegen, wie sich die praktische Statistik zu ihnen stellt. Die Fragen, die wir erörtern wollen, sind gleichzeitig von Wichtigkeit auch für die nationalökonomische Begriffsbildung. Die Streitfragen der statistischen Methodik machen auf Punkte aufmerksam, die vor allem von der nationalökonomischen Seite her richtunggebend geklärt werden müßten; die statistischen Kontroversen könnten somit meines Erachtens als — kritisches und konstruktives — Material auch für die Weiterbildung der nationalökonomischen Begriffe nutzbar gemacht werden, — dies gilt übrigens nicht nur für das vorliegende Thema, sondern auch für andere Gebiete der wirtschaftswissenschaftlichen Forschung.

II. Gemeinsame Probleme des Volksvermögens und Volkseinkommens.

An die Spitze möchte ich den Grundsatz stellen, daß es sowohl bei der nationalökonomischen als auch bei der statistischen Begriffsbildung auf die Zwecke ankommt, zu denen man die zu gewinnenden Zahlen verwenden will. Gerade diese Zwecke werden aber, was Volksvermögen und Volkseinkommen anlangt, meist nur ganz allgemein bezeichnet; man will einen — natürlich auch für zeitliche und internationale Vergleiche verwendbaren — Maßstab gewinnen: für den Volkswohlstand, für die wirtschaftliche Leistungsfähigkeit und die Hilfsquellen eines Landes, für seine Steuerkraft, für seine Kreditwürdigkeit usf. Beim Volkseinkommen denkt man auch manchmal daran, mit ihm z. B. die Steuerlasten oder die Soziallasten eines Landes zu vergleichen, zu berechnen, welchen Prozentsatz des Volkseinkommens einzelne Verwendungszwecke desselben ausmachen; man hat die deutschen Reparationslasten mit dem deutschen Volkseinkommen verglichen. Rückt man z. B. den Zweck der Kennzeichnung der Steuerkraft in den Vordergrund, so müßten logischerweise Werte, die grundsätzlich nicht besteuert werden, unberücksichtigt bleiben, z. B. — bei der Berechnung des Volksvermögens — die öffentlichen Straßen, Brücken, Festungen; aber diese Güter vermehren doch wieder den „Reichtum" des Landes, wären daher unter dem Gesichtspunkt der Kennzeichnung des Reichtums des Landes zu zählen. So lassen uns die „Zwecke" als Richtschnur meist im Stich; es ist tatsächlich eher umgekehrt: aus der Art der Berechnung muß abgeleitet werden, für welche Zwecke die Ziffern verwendbar sind.

In welchem Sinn ist „Volk" gemeint in den Worten Volksvermögen und Volkseinkommen? Handelt es sich um die Gesamtheit der Staatsangehörigen oder um die Wohnbevölkerung des Landes? Bei Anwendung der subjektiven Methode wird es auf den Umkreis der durch das konkrete Steuergesetz erfaßten Personen ankommen; bei der objektiven Methode spielt die Frage insbesondere in das Teilgebiet der Kapitalanlage im Ausland bzw. der Verschuldung an das Ausland hinein. Es würde z. B. zu entscheiden sein, wie die Vermögen und Einkommen von in Deutschland lebenden Ausländern bzw. wie die im Inland befindlichen Vermögen und die aus inländischen Quellen fließenden Einkommen von im Ausland lebenden deutschen Reichsangehörigen zu behandeln sind.

Die Nationalökonomie kann unter Volksvermögen und Volkseinkommen die in Frage kommenden Güter selbst — nach Arten und Mengen — oder ihren Wert verstehen; für die Statistik, die eine Totalziffer anstrebt, kommt stets nur der Wert (in Währungseinheiten) in Frage. Welche Art des Wertes wird dabei zugrunde gelegt und welche soll zugrunde gelegt werden? Die praktische Statistik operiert mit den verschiedensten Wertbegriffen nebeneinander. Bei der objektiven Methode der Berechnung des Volksvermögens werden manchmal gewisse Gütergattungen (z. B. der Viehstand, Grund und Boden, Häuser) nach den gleichzeitig für Güter gleicher Art im Handel auftretenden Preisen bewertet (also Tauschwert), manchmal wird für gewisse Gütergattungen der Ertragswert eingesetzt (Kapitalisierung des — tatsächlichen oder steuerlichen — Ertrages z. B. der Bergwerke, der Häuser, der Grundstücke), daneben treten (Produktions- und Reproduktions-) Kostenwerte auf (z. B. für Verkehrsanlagen), ferner stützt sich die Statistik manchmal auf die, dem ökonomischen Charakter nach schwer definierbaren „Versicherungswerte" (z. B. für Häuser, Betriebs- und Wohnungseinrichtungen, Vorräte, eventuell mit Zuschlägen für unterversicherte und für nicht versicherte Objekte). Auch bei der Berechnung des Volkseinkommens ist bei der objektiven Methode das Ergebnis abhängig von dem besonderen Charakter der Werte, die in den einzelnen verwerteten Statistiken (Produktions-, Außenhandelsstatistik usf.) gewonnen worden sind. Welche Werte bei Anwendung der subjektiven Methode zugrunde liegen, hängt von den konkreten Bestimmungen des Steuergesetzes ab. Die Statistik ist eben abhängig vom jeweils vorhandenen Material und muß sich damit behelfen, so gut es geht. Natürlich gibt es da eine Fülle von Einzelfragen. Ich erwähne bloß eine beispielshalber: ist es berechtigt, wenn Fahlbeck bei der Berechnung des schwedischen Volksvermögens nach der objektiven Methode die nach dem Grundsteuerreinertrag geschätzten Grundwerte schließlich — da die Grundsteuer den Grundwert herabdrücke — um den Betrag der kapitalisierten Grundsteuer erhöht? (Vgl. Schnapper-Arndt, Sozialstatistik, S. 263.)

Nicht nur die Art der Bewertung schwankt, sondern es wird auch hinsichtlich der zu bewertenden Einheiten verschieden vorgegangen. Bei der objektiven Methode werden nämlich die Güter an sich — nach Gütergattungen — bewertet, bei der subjektiven Methode dagegen die Güterkomplexe der Wirtschaftssubjekte. Denken wir z. B. an die objektiven Güter, die das Vermögen einer Aktiengesellschaft ausmachen: Grund und Boden, Gebäude, Betriebseinrichtungen, Vorräte usw.; die objektive Methode bezieht jedes einzelne von diesen Gütern nach dem Werte ein, den dieses Gut an sich hat, z. B. nach dem Durchschnittspreise solcher Güter; die verschiedenen, der Aktiengesellschaft gehörenden Güter können aber in ihrer Verbindung zu einem einheitlichen Unternehmen, von der subjektiven Methode aus gesehen, einen Wert haben, der viel größer ist als die Summe der einzelnen an sich bewerteten Bestandteile. Noch weiter geht eine — allerdings vermutlich nur rein theoretisch gedachte — Bemerkung, die Andreas Voigt in einer kleinen Schrift „Das Volksvermögen vom Standpunkt der Volksgemeinschaft" (Flugschriften der Wirtschaftsfriedlichen Studentengruppe an der Universität Frankfurt am Main, Nr. 1, Seite 4) gemacht hat: „Es ist nicht richtig, das Volksvermögen lediglich als statistische Summe aller Privatvermögen aufzufassen, wie es geschieht, wenn man sich ein zahlenmäßiges Bild von dessen Größe machen will. Es ist weit mehr als eine Summe, es ist ein System von Gütern, d. h. ein zusammengehöriges Ganzes, dessen Wert sich nicht einfach durch Addition der Werte seiner Teile berechnen läßt."

Der Wert des Volksvermögens und des Volkseinkommens wird von den Statistikern stets in Währungseinheiten ausgedrückt. Damit wird die Berechnung abhängig von den Schwankungen des Geldwertes. Dies erschwert internationale und zeitliche Vergleiche. Eine größere Ziffer kann lediglich die Folge geringeren bzw. verringerten Geldwertes sein. Daher sind z. B. Berechnungen aus der Nachkriegszeit mit solchen aus der Vorkriegszeit nicht unmittelbar vergleichbar: Edm. Kleinschmitt (Germania, Industrie- und Handelszeitung, 23. November 1924) berechnete — nach Unterlagen aus der Nachkriegszeit — ein deutsches Volkseinkommen von etwa 44 Milliarden Reichsmark und fährt fort: „Um mit Vorkriegszeiten Vergleiche anzustellen, muß man diese Summe um den Betrag der Goldentwertung, die in der allgemeinen Weltteuerung zum Ausdruck kommt, herabsetzen. Die Goldentwertung beträgt etwa 30%, so daß die heutigen 44 Milliarden etwa 30 Milliarden Friedensgoldmark entsprechen." Die Geldwertveränderung muß unseres Erachtens auch berücksichtigt werden — die einschlägigen Autoren haben es meist nicht getan —, wenn man die heutigen Ziffern aus jenen der Vorkriegszeit lediglich durch Vornahme gewisser Abstriche für diverse Einbußen am Volksvermögen und Volkseinkommen berechnet; denn man erhält so eine Ziffer, die in Mark mit Vorkriegswert ausgedrückt ist, also — um auf heutiges Geld zu lauten — entsprechend erhöht werden muß.

Die Schwankungen des Geldwertes bedingen aber nicht nur gewisse Umrechnungen; sie schränken überhaupt die Tragweite der Berechnungen ein. Ziffern des Volksvermögens oder des Volkseinkommens, die lediglich infolge höherer Preise gewachsen sind, bedeuten natürlich keine Wohlstandsvermehrung. Schnapper-Arndt (Sozialstatistik, Seite 296) drückt dies mit den Worten aus, auf eine Wohlstandsvermehrung lasse sich nur schließen, wenn nicht der Faktor des Einzelpreises, sondern der Faktor der Stückzahl gestiegen ist. Das ist nichts anderes als der Rückgriff auf die Mengen bzw. das Bedürfnis nach Kenntnis derselben. Die Ziffern des Volksvermögens und des Volkseinkommens bieten hierüber jedoch als reine in Geldeinheiten ausgedrückte Wertziffern keinen Aufschluß. Diese Tatsache muß zweifellos auf die Definition der Zwecke, denen unsere Berechnungen dienen können, zurückwirken.

Das hauptsächlichste Ziel ist die Gewinnung einer Totalziffer des Volksvermögens und des Volkseinkommens. Häufig wird sodann auch die relative Größe „pro Kopf" der Bevölkerung berechnet, vor allem als ein in mancher Beziehung wertvollerer Vergleichsmaßstab — natürlich kann von zwei Ländern absolut das eine und relativ (pro Kopf), infolge geringerer Bevölkerungszahl, das andere das größere Volksvermögen oder Volkseinkommen besitzen. Es kann in einem Lande die Kopfquote rascher oder langsamer zunehmen als die absolute Totalziffer. Gelegentlich kommt auch die Berechnung des Volksvermögens (Volkseinkommens) je Haushaltung oder je Steuerpflichtiger vor. Ein weiteres Problem ist die sachliche Zusammensetzung des Volksvermögens bzw. Volkseinkommens, selbstredend wieder den Werten nach. Hierin liegt zweifellos eine Kennzeichnung der wirtschaftlichen Struktur eines Landes. Es kann, z. B. was das Volksvermögen anbelangt, interessieren, wieviel Prozente des Volksvermögens z. B. auf den Grund und Boden oder auf die Verkehrsanstalten, in einem bestimmten Lande und in verschiedenen Ländern, entfallen. Zur Darstellung der Zusammensetzung des Volksvermögens ist die objektive Methode vorteilhafter, die subjektive kaum brauchbar, weil die Gliederung der Vermögen nach Vermögensarten durch die Besteuerung nur sehr mangelhaft erfaßt wird[1], und weil nur summarische Zuschläge zu den versteuerten Vermögen — um alle Vermögen zu umfassen — gemacht werden können. Beim Volkseinkommen kommt zunächst die Gliederung des-

[1] Die auf Besteuerung beruhenden Statistiken reihen auch nicht jedes einzelne Objekt nach seiner Beschaffenheit in die einzelnen „Vermögensarten" ein, sondern behandeln oft Komplexe von verschiedenartigen Objekten einheitlich; ein Landgut z. B. kommt mit seinem ganzen lebenden und toten Inventar als Wirtschaftseinheit unter die Rubrik „Grundeigentum." So muß sich nicht nur ein weniger genaues sondern auch ein anderes Bild ergeben als bei der objektiven Methode (vergl. hierüber und über die Behandlung der Schulden bei der Gliederung des Volksvermögens nach der subjektiven Methode Schnapper-Arndt, Sozialstatistik Seite 279).

selben nach Gütergruppen in Frage (die Fragestellung kann z. B. lauten: welchen Anteil steuern die landwirtschaftliche oder die gewerbliche Produktion zu dem in [bewerteten] Gütern gedachten Volkseinkommen bei); ferner kommt die Gliederung nach gewissen Einkommensquellen in Betracht (man könnte fragen: welchen Anteil des Volkseinkommens machen z. B. die Lohneinkommen oder die Einkommen aus der Landwirtschaft, aus dem Handel aus?). Von diesen beiden Fragestellungen kann die erste wohl nur mit Hilfe der objektiven Methode, die zweite nur mit Hilfe der subjektiven oder der „gemischten" Methode beantwortet werden. Die Darstellung der Vermögens- und Einkommensabstufungen gehört nicht mehr in die Statistik des Volksvermögens bzw. Volkseinkommens, sondern in die Statistik der Einzelvermögen und Einzeleinkommen.

Die Frage, ob außer den privaten Vermögen und Einkommen auch jene der öffentlich-rechtlichen Körperschaften einzubeziehen seien, wird von den Statistikern bejaht. Allerdings ist es sehr schwierig, aus den Einnahmen und Ausgaben der öffentlich-rechtlichen Körperschaften deren eigentliches „Einkommen" zu berechnen (vgl. R. Meyer a. a. O. Seite 668). Die steuerlichen Einnahmen sind als Einkommen natürlich nur zu rechnen, soweit sie nicht aus der Substanz bezahlt werden (vgl. Kleinschmitt a. a. O.). Immerhin gibt es auch Berechnungen, die sich auf das private Vermögen (Einkommen) beschränken. Auch wird bei der Berechnung des auf den Kopf der Bevölkerung entfallenden Volksvermögens (Volkseinkommens) manchmal nur das private Vermögen (Einkommen) zugrunde gelegt — es sei nicht zweckmäßig, auch die Vermögen (Einkommen) des Staates, der Gemeinden usw. auf die Bevölkerung zu repartieren (vgl. R. Meyer, a. a. O. Seite 671).

III. Die Berechnung des Volksvermögens im besonderen.

Das statistische Verfahren besteht bei der subjektiven Methode in der Vervollständigung der Summenziffer der Statistik der Einzelvermögen durch schätzungsweise Zuschläge; die objektive Methode dagegen beruht nicht auf einer bestimmten einzelnen Statistik, sondern sie verwertet und kombiniert eine ganze Reihe von Statistiken, die aber meist gerade dasjenige, worauf es ankommt: den Wert, nicht enthalten. Wollen wir z. B. das Volksvermögen nach der objektiven Methode berechnen, so finden wir in den in Betracht kommenden Statistiken die Zahl der Gebäude, die Zahl der Schiffe, die Größe des Viehstandes (nach der Stückzahl) usf., aber meistens nicht den Wert dieser Bestandteile des Volksvermögens, also lediglich Anhaltspunkte für mehr oder weniger vage Berechnungen und Schätzungen der Werte [1]. Hierzu kommt, daß sich die verschiedenen Statistiken, die bei der objektiven Methode zugrunde gelegt werden müssen, oft nicht auf denselben Zeitpunkt beziehen, manchmal nicht einmal aus demselben Jahre stammen; so ist auch die Gesamtziffer zeitlich nicht eindeutig bestimmt. Da manche Gütergattungen (z. B. Viehstand, Vorräte) auch jahreszeitliche Schwankungen aufweisen, kommt es — namentlich für Vergleiche — auch auf die Lage des Stichtages innerhalb des Jahres an. Bei der subjektiven Methode, die von einer bestimmten Steuerveranlagung ausgeht, wird die Forderung einheitlicher, zeitlicher Bestimmtheit normalerweise erfüllt sein.

Das Volksvermögen soll die Gesamtheit aller Güter umfassen, die sich in dem Vermögen der privaten (physischen und juristischen) Wirtschaftssubjekte und der öffentlich-rechtlichen Körperschaften befinden. Nun gibt es aber eine Anzahl von Gütergattungen, hinsichtlich deren — sei es bei Anwendung der objektiven, sei es bei Anwendung der subjektiven Methode — Zweifel entstanden sind, ob sie berücksichtigt werden sollen oder nicht — daß bejahenden Falles wieder verschiedene Wertarten in Frage kommen können (Tauschwert, Ertragswert usf.), wurde schon oben erwähnt. Sicher ist, daß einzubeziehen sind: Grund und Boden, Bergwerke, Gebäude, Betriebs- und Wohnungseinrichtungen, Verkehrsanlagen und Verkehrsmittel, Viehbestand, Vorräte aller Art, Metallgeld nach seinem inneren Werte und die Kapitalanlagen im Auslande (ausländische Wertpapiere und unmittelbare Anlagen im Auslande), gekürzt um die eigene Verschuldung ans Ausland; aber es gibt eine fast ebenso große Zahl von strittigen Gruppen. Die Schwierigkeit liegt in der Umstrittenheit des Vermögens-

---

[1] Ähnlich ist die Situation bei der Berechnung der Zahlungsbilanz; wir haben Statistiken über die meisten internationalen Beziehungen (Warenaustausch und Durchfuhr, Auswanderung und Einwanderung, internationaler Reisendenverkehr usf.); aber die meisten dieser Statistiken, mit Ausnahme der Handelsstatistik, lassen gerade das, was wir zwecks Zusammenfassung benötigen: die in einem bestimmten Zeitraum (z. B. in einem Jahre) dem Auslande gegenüber entstandenen Forderungen und Verpflichtungen, nicht ersehen.

begriffes selbst[1]; auch aus den mehr oder weniger verschwommenen Zwecken, denen das Ergebnis der Berechnung dienen soll, können klare Richtlinien vielfach nicht abgeleitet werden. Zu beachten ist dabei, daß manchmal einzelne strittige Gütergruppen bei Anwendung der einen Methode zwangsläufig einbezogen werden, während sie bei der andern Methode überhaupt einer Erfassung schwer zugänglich sind; hält man daran fest, daß die beiden Methoden im Ergebnis übereinstimmen müssen, so muß man die eine oder die andere korrigieren. Nur einige Beispiele.

Während es als selbstverständlich gilt, daß Verkehrsanlagen und Verkehrsmittel der Eisenbahnen und der Schiffahrt einzubeziehen sind, herrschen vielfach Meinungsverschiedenheiten hinsichtlich der Landstraßen und Brücken; ferner hinsichtlich der Kirchen, Festungswerke, staatlichen Sammlungen. Forderungen, z. B. auch Hypotheken, Staatsschuldverschreibungen usf., will Lexis nicht als Bestandteile des Volksvermögens anerkennen, soweit dem Rechte eines Inländers eine gleich große Schuld eines andern Inländers gegenübersteht; das ist jedoch — stillschweigend — nur vom Standpunkte der realen Methode gesehen; bei der subjektiven Methode zählen einerseits Forderungen, andererseits Schulden. Sehr umstritten sind „privatwirtschaftlich nutzbare Vorzugsstellungen“ (werthabende Verhältnisse) wie Urheberrechte, Patentrechte, Fahrgerechtigkeiten usf. Lexis scheidet sie aus mit einer Begründung, an der allerdings Weyermann stark Kritik geübt hat; doch sind solche Rechte bei Anwendung der subjektiven Methode mindestens zum Teil mitgerechnet; man muß sie also entweder aus dem Ergebnis der subjektiven Methode nachträglich ausscheiden, oder sie auch bei der objektiven Methode zu berücksichtigen versuchen. Das Postregal setzt Fellner mit dem kapitalisierten Ertrage ein; andere Autoren haben es bewußt vernachlässigt.

---

[1] Natürlich kommt hier nur das Volksvermögen im eigentlichen Sinne in Betracht, nicht allgemeinere Begriffe wie Volkswohlstand oder Nationalreichtum. Besonders gründlich hat sich neuerdings mit dem Begriffe des Volksvermögens Weyermann beschäftigt; er faßt es auf als unter dem Gesichtspunkt der Tauschkraft zusammengefaßten Inbegriff der in einem Volke vorhandenen dauerbaren Wirtschaftsgüter und zwar als Preissumme dieses Güterkomplexes (a. a. O. Seite 194 und 214).

IV. Die Berechnung des Volkseinkommens im besonderen.

Handelt es sich beim Volksvermögen um eine „Bestandsmasse", so beim Volkseinkommen um eine „Bewegungserscheinung" (Vorgangsmasse, Ereignismasse); das zahlenmäßige Ergebnis bezieht sich nicht auf einen Zeitpunkt, sondern auf einen Zeitraum. Das Volkseinkommen ist zweifellos ein anderer Maßstab für den Wohlstand und die wirtschaftliche Kraft einer Nation als das Volksvermögen; es kennzeichnet die Steuerkraft von einem andern Standpunkt, d. h. im Hinblick auf Einkommens- und nicht auf Vermögensbesteuerung; es ist der richtige Vergleichsmaßstab für alle Lasten, die lediglich, oder doch in erster Linie das Einkommen treffen sollen. Meerwarth (Nationalökonomie und Statistik, 1925, Seite 470) bemerkt, das Volkseinkommen sei in mancher Hinsicht ein besserer Maßstab für den Wohlstand einer Nation, als das Volksvermögen, denn das Volkseinkommen bestehe hauptsächlich aus Waren in einer Form, in der sie unmittelbar Genuß gewähren, während der größte Teil des Volksvermögens aus den Produktionsmitteln bestehe, die der Nation nur insofern Dienste leisten, als sie zur Produktion von konsumreifen Waren beitragen. Doch kann es unseres Erachtens wohl auch Fragen geben, für die das Volksvermögen charakteristischer ist, z. B. wenn die Substanz selbst, beispielsweise für Kredite, haftet.

Bei der objektiven Methode, die im Sinne von Adolf Wagner nach dem Werte der „Nettoproduktion" der Volkswirtschaft (z. B. in einem Jahre) strebt, handelt es sich wieder, wie beim Volksvermögen, um die Verwertung verschiedener Statistiken, die teilweise sehr unzulänglich sind; außerdem besteht wieder die Gefahr, daß sich die Unterlagen zeitlich nicht decken. Die an die Summe der Einzeleinkommen anknüpfende subjektive Methode geht natürlich ganz anders vor. Dazu kommt noch die „gemischte Methode" (richtiger „Methode nach Einkommensquellen"), welche die Einkommen aus den verschiedenen Erwerbszweigen zusammenfaßt.

Meerwarth (a. a. O. Seite 475) nimmt offenbar an, daß diese verschiedenen Methoden theoretisch dasselbe Objekt haben; er meint, die „Werterhöhung" (das ist Nettoproduktion) gebe an, „welche Lohn-, Gehalts-, Miets-, Zins-, Steuer-, Gewinnsumme in dem Zähljahr aus jedem Produktionszweig geflossen ist." „Sie gibt damit an, wie hoch die

Summe der Einkommen ist, welche ein jeder Produktionszweig tatsächlich geliefert hat." Allein bei der praktischen Durchführung der verschiedenen Methoden werden zweifellos gewisse Teile des Objekts verschieden behandelt, so daß sich die Endziffern ohne besondere bewußte Korrekturen nicht decken können. Es liegen wieder — ähnlich wie beim Volksvermögen — eine Anzahl Kontroversen vor über die Einbeziehung oder Nichteinbeziehung gewisser spezieller Einkommensarten. Eindeutige Richtlinien bieten — wegen ihrer mangelhaften Präzision — weder der ökonomische Begriff noch die in Frage kommenden Zwecke. Wieder nur einige Beispiele.

Dienstleistungen sollen nach überwiegender Ansicht einbezogen werden, und zwar nicht nur solche wirtschaftlichen Charakters, sondern auch jene der öffentlichen Beamten und der freien Berufe. Es sind also nicht etwa sogenannte „abgeleitete" Einkommen grundsätzlich oder, wie es oft bezeichnet wird, um „Doppelzählungen" zu vermeiden[1], auszuschließen; doch haben meines Erachtens z. B. die Einkommen der keine Dienste leistenden Almosenempfänger unberücksichtigt zu bleiben. Ferner muß man nach überwiegender Ansicht darauf verzichten, die häuslichen Dienstleistungen der Frauen im eigenen Haushalte zu berücksichtigen, während gegen Entgelt geleistete häusliche Arbeiten zu zählen sind — daher das „Paradoxon" (nach Pigou, zitiert bei Meerwarth), daß wenn jemand seine Haushälterin oder Köchin heiratet, er das Nationaleinkommen vermindert. Die entgeltlichen Dienstleistungen werden bei der subjektiven Methode automatisch erfaßt, nach der objektiven Methode müssen sie besonders nach den betreffenden Einkommenszweigen veranschlagt werden, so daß die objektive Methode meines Erachtens immer auch Elemente der „gemischten" Methode enthält.

Ein zweites Problem, worüber die Meinungen schwanken, bilden die Nutzungen des Gebrauchsvermögens (Nutzungsvermögens). Die subjektive Methode erfaßt zwangsläufig die Nutzungen der Wohnhäuser, aber auch nur diese; die objektive Methode kann je nach Ermessen mehr oder weniger weit gehen.

[1] Dagegen wäre es eine „Doppelzählung", wenn man bei der subjektiven Methode sowohl die Einkommen der Aktiengesellschaften als auch jene der Aktionäre zählen würde; nur letztere zu zählen, würde aber auch nicht genügen, man muß die nicht als Dividenden verteilten Gewinne der Aktiengesellschaften, deren Rücklagen, hinzufügen.

Zweifellos ist bei der objektiven Methode der Berechnung des Volkseinkommens die Abnutzung der Betriebsanlagen zu veranschlagen; bei der subjektiven Methode könnte unseres Erachtens durch einen richtigen Einkommensbegriff dafür gesorgt sein. Die Abnutzung des Gebrauchsvermögens kommt natürlich nur in Betracht, soweit die Nutzungen des Gebrauchsvermögens einbezogen werden (siehe oben).

Einzelne Berechnungen erwähnen die „Wertvermehrung aus dem Handel"; dieser Posten kommt unseres Erachtens bei der objektiven Methode in Frage, wenn und soweit die erzeugten Güter nur mit dem Werte an ihren Produktionsstätten gerechnet worden sind und man den Wert der bis an den Verbraucher herangebrachten Güter berücksichtigen will — da ergibt sich allerdings wieder ein „Paradoxon": je mehr der Zwischenhandel die Waren verteuert, desto größer ist das Volkseinkommen; bei der subjektiven und der „gemischten" Methode werden natürlich die Gesamteinkommen der im Handel tätigen Personen bzw. die Einkommen aus dem Erwerbszweige Handel gerechnet.

Einen besonderen, eingeschränkten Begriff des Volkseinkommens haben R. Meyer und v. Philippovich zur Diskussion gestellt, nämlich „die Summe der dem Volke jährlich zur Verfügung gestellten Genußgüter" (R. Meyer, a. a. O. Seite 672), als Konsumtionsfond der Volkswirtschaft ohne den Zuwachs an Kapitalgütern, wie Maschinen, Gebäuden, Straßen usf. (v. Philippovich, Allgemeine Volkswirtschaftslehre, 9. Aufl. 1911, Seite 340). Nach R. Meyer soll jedoch die Statistik nicht etwa nur diese Größe berechnen, sondern auch das Volkseinkommen im üblichen Sinne.

R. Meyer meint (a. a. O. Seite 672), bei den verschiedenen statistischen Methoden der Behandlung des Volkseinkommens handle es sich nicht so sehr um verschiedene Methoden der Ermittlung eines und desselben Ganzen, als um selbständige statistische Aufgaben, von denen jede in ihrer Weise der Vervollkommnung fähig sei; die Beziehungen der verschiedenen statistischen Summenzahlen zu einander zu ermitteln, sei mehr Aufgabe der theoretischen Nationalökonomie als der Statistik. Dieser Gedanke — den wir auch auf die Methoden der Berechnung des Volksvermögens anwenden können — scheint uns — vielleicht irren wir — eine gewisse Resignation hinsichtlich des Verhältnisses zwischen Nationalökonomie und Statistik widerzuspiegeln; das Verhältnis wird sehr lose gedacht; die Statistik kann selbständig vorgehen, nachträglich sollen die Nationalökonomen feststellen, was sie mit den statistischen

Ergebnissen anfangen können. Diese resignierte Auffassung entspricht in der Tat im wesentlichen der bisherigen Lage der Dinge. Wir denken uns das Verhältnis doch wesentlich inniger; in der Problemstellung und Begriffsbildung gebührt der Nationalökonomie die führende Rolle, sie muß aber mit den tatsächlichen Möglichkeiten der statistischen Erhebungen rechnen; diese ihrerseits bedeuten eine Überprüfung der ökonomischen Begriffe vom Standpunkt des wirklichen Lebens und können so zu Korrekturen und schärferen Formulierungen anregen[1] [2].

---

[1] Diese Bemerkungen betreffen lediglich das Verhältnis von Nationalökonomie und Statistik bei der Durchführung statistischer Erhebungen (und Berechnungen); hierzu kommt die Bedeutung der Nationalökonomie für die Erklärung und Deutung vorliegender statistischer Ergebnisse.

[2] Nach Abschluß dieses Aufsatzes ist in der 4. Auflage des Handwörterbuchs der Staatswissenschaften der auch das Volkseinkommen behandelnde Artikel „Einkommen" von Wilhelm Winkler erschienen, der bei den weiteren Beratungen des Vereins für Sozialpolitik besonders zu beachten sein wird. Vergl. auch den „Exkurs zum Problem der Berechnung des Volkseinkommens" im eben erschienenen 1. Vierteljahrsheft zur Konjunkturforschung (S. 39).

Diskussionsprotokoll (verkürzt)

bei der Sitzung des Ständigen Unterausschusses für theoretische und soziologische Forschung im Verein für Sozialpolitik in Wien

am Mittwoch, den 22. September 1926.

Vorsitzender: Herr Geh. Hofrat Prof. Dr. Karl Diehl (Freiburg i. Br.).

Prof. von Gottl-Ottlilienfeld (Berlin):

Für alle Theorie gilt der Spruch: Gut gefragt ist halb geantwortet. Also Problemkritik! Diese sogenannten „Grundbegriffe" sind problemvertretende Worte; man spricht ein Wort fragend aus, um sich über Probleme auszuschweigen. Welche Fragestellung verbirgt sich hinter „Volksvermögen" und „Volkseinkommen"? Angenommen, daß „Vermögen" und „Einkommen" etwas Wirkliches besagen; dann führt ein bloßer Analogieschluß darauf, beides auch der Volkswirtschaft zuzusprechen. Dieser Schluß ist trügerisch, und würde ich den Fehler ganz anders begründen als die meisten unter Ihnen, meine Herren, weil Ihnen, nicht aber auch mir die Volkswirtschaft nur eine Fiktion ist. Gemeinsam jedoch gelten uns „Volkseinkommen" und „Volksvermögen" bloß als Fiktionen: mögliche Summenbildungen, hinter denen nichts Wirkliches steht.

Fiktionen sind eine Sache der reinen Zweckmäßigkeit. Wozu fragt man nach „Volksvermögen" und „Volkseinkommen"? In der Absicht einer Beurteilung der Volkswirtschaft. Hier stecken die wahren Probleme! Worüber man ein Urteil gewinnen will, ist beispielsweise die „Steuerkraft", oder die „Tributkraft", oder die „Kreditwürdigkeit", oder die „Versorgungshöhe" einer Volkswirtschaft. Je nach dieser verschiedenen Fragestellung muß dann auch die Art der Summenbildung verschieden ausfallen. Es liegt ganz ähnlich wie beim sogenannten „Wohlstandsindex", dem bloß eine raffiniertere Berechnungsweise unterliegt. Immer treibt da der Fetischismus der als einzigen schon alles besagenden Zahl sein Unwesen. Es erscheint mir sicher, daß die fortschreitende Klärung der Problematik unserer Wissenschaft dazu führen wird, für die vielerlei Möglichkeiten eines Urteils über die Volkswirtschaft ganz andere Wege zu finden als diese ebenso fiktiven wie rohen trügerischen Summenbildungen.

Prof. Hesse (Breslau):

Entsprechend der Aufforderung des Herrn Vorsitzenden, will ich auf die Verbindung von volkswirtschaftlicher Theorie und Statistik eingehen. Ich stimme den Ausführungen, daß die volkswirtschaftliche Theorie und nicht die Statistik die Begriffe zu bilden habe, nur insoweit zu, als die Statistik nicht die Aufgabe hat, den Gegenstand selbst, sondern nur die Häufigkeit seines Vorkommens festzustellen. Dies trifft in der Regel zu, im vorliegenden Fall aber nicht. Volksvermögen bedeutet von vornherein eine Summe. Diese ist nur insoweit sicher zu ermitteln, als die Statistik sie zu gewinnen vermag. Daher kann der Begriff „Volksvermögen" nicht von der Theorie selbständig gebildet und von der Statistik dessen Verwendung gefordert werden, sondern es hat von vornherein die Statistik bei der Begriffsbildung mitzuwirken. Aber auch unter der Voraussetzung dieser Beteiligung bin ich im Zweifel, ob eine Begriffsbestimmung gelingt. Wenn die Statistik nicht imstande ist, das Volksvermögen als einen einheitlichen Gegenstand sicher zu erfassen, dann ist auch eine eindeutige theoretische Bestimmung des Wesens dieses Gegenstandes nicht möglich. Nun ist aber weder auf dem Wege der personellen noch der realen Methode eine sichere Erfassung der zum Volksvermögen zu zählenden Objekte möglich, und es bleibt in jeder der vorgetragenen vier Bedeutungen der Gegenstand „Volksvermögen" unbestimmt, ganz besonders in der Auffassung als nationale Produktivkraft. Dazu kommt, daß nicht allein die realen Objekte, die die Summe bilden, nur zum Teil festgestellt werden können, sondern außerdem Imponderabilien in Betracht kommen, die sich jeder Erfassung entziehen, man denke nur an die Organisation des Kredits, die die Wirksamkeit der vorhandenen Produktivmittel vervielfältigt.

Bei diesem Skeptizismus dürfen wir aber nicht stehenbleiben. Wenn die Praxis mit dem Begriff Volksvermögen arbeitet, wenn dieser für bestimmte Fragen der Gegenwart gebraucht wird, dann müssen auch wir uns mit ihm abfinden. Es liegt hier der nicht seltene Fall vor, daß das praktische Leben mehr fragt, als die Wissenschaft beantworten kann. Es ist dann die Aufgabe, wenn wir den Gegenstand selbst nicht eindeutig zu bestimmen vermögen, das Maß der Annäherung festzustellen, das wir erreichen können, eine Aufgabe, die auf vielen Gebieten der Statistik, z. B. der Erntestatistik, uns entgegentritt. Es kommt auf die richtige Beurteilung des Wertes der statistischen Ergebnisse, auf deren Verwertung an. Diese ist nur möglich, wenn der Nationalökonom Statistiker ist, wenn er weder allen Zahlen glaubt, noch allen Zahlen mißtraut, sondern weiß, was er von ihnen zu halten hat. Diese Entscheidung ist nicht allein bedingt durch die Kenntnis der statistischen Technik. Die Statistik ist auch eine Kunst. Die Beurteilung der Bedeutung der Imponderabilien beruht zum Teil auf Schätzung, auf dem durch die Erfahrung verfeinerten Gefühl. Gerade aus diesem Grunde ist ein enges Hand-in-Hand-Gehen der Nationalökonomie und Statistik unerläßlich.

Prof. Oppenheimer (Frankfurt a. M.):

Wenn Prof. von Gottl-Ottlilienfeld behauptete, wir arbeiteten hier noch mit der alten Logik, so ist zur Verteidigung der alten Logik doch zu sagen, daß sie auch wußte, daß es gute und schlechte Begriffe gibt. Auch ich bin Anhänger der Problemforschungen und habe seit einem Menschenalter betont, daß es Probleme gibt, die unausweichlich sind, wie die Probleme des Mehrwertes und des Sozialismus. Gegenüber der Entwicklung der theoretischen Nationalökonomie muß aber ein Warnungszeichen gegeben werden. Zuerst hörte man immer nur: Wirtschaftsgeschichte sei theoretische Nationalökonomie, dann, Psychologie sei theoretische Nationalökonomie und jetzt schon lange: Methodologie sei theoretische Nationalökonomie. So ist die ganze heutige theoretische Nationalökonomie ein Wirrwarr geworden.

Was nun das Volkseinkommen angeht, so kann ich mich den Ausführungen des Herrn Vorsitzenden im wesentlichen anschließen, da ich selbst in meinem 1910 erschienenen Lehrbuch ähnliche Ansichten geäußert habe. Ich muß aber hinzufügen, daß die Begriffe 1—3 vielleicht zu erfassen sind, aber sie tragen nichts. Der vierte Begriff dagegen, der besser durch den Begriff der produktiven Kräfte zu ersetzen wäre, würde uns neue Erkenntnisse bringen, aber hier ist jede Erfassung unmöglich, da wir hier alle ideellen Kräfte mitzurechnen hätten. Gegen die Ausführungen von Herrn Kollegen Hesse ist zu bemerken, daß der Statistiker Begriffe als Leitung dafür braucht, was er untersuchen soll. Er muß von dem Nationalökonomen die Fragestellung erhalten, sonst wird er uns nicht mehr als Zahlenfriedhöfe bringen.

Vorsitzender:

Ich muß gegenüber den Ausführungen von Herrn Kollegen Oppenheimer auf zwei Punkte hinweisen. Ich will in den vierten Begriff nicht die ideellen Momente mitrechnen, weil wir nationale Tugenden usw. nicht mit den Landstraßen usw. zusammenrechnen können. Und was die gegenwärtige Entwicklung der theoretischen Nationalökonomie angeht, so gehen zwar die Ansichten stark auseinander, aber das ist gerade ein Zeichen der Blüte der theoretischen Forschung.

Prof. Weyermann (Bern):

Da ich in dem Referat des Herrn Vorsitzenden erwähnt wurde, darf ich wohl bestätigen, daß ich allerdings glaube, daß das Volksvermögen logisch nur eine Summe der Vermögen der einzelnen sein kann. Ich kann mich vollkommen den Ausführungen von Herrn von Gottl-Ottlilienfeld anschließen, die mich darin bestärkt haben, daß wir von den Problemen und nicht von den Worten ausgehen müssen. Wenn hier nun verschiedene Begriffe von Volksvermögen stipuliert werden, so muß doch gefragt werden, warum sie alle „Vermögen" genannt werden sollen. Wenn der „Vermögens"begriff als logischer Gattungsbegriff des „Volksvermögens", in einer bestimmten Richtung festliegt, weil er auf bestimmten Problemen fußt, so ist damit der logische Artbegriff „Volksvermögen" insoweit gebunden. Es geht nicht an, ein anderes außerdem noch mit dem Namen „Volksvermögen" zu taufen. Wir dürfen nicht von den — ganz unwesentlichen — Taufnamen der Umgangssprache für ihre Begriffsbildung ausgehen, sondern müssen umgekehrt den Begriff zuerst aus den Problemen umgrenzt haben; dann ist der Taufname wissenschaftlich grundsätzlich in der Verwendung bestimmt, beschränkt. Wenn wir logisch so vorgehen, so werden wir im Umfange dessen, was wir als „Volksvermögen" bezeichnen dürfen, stark beschränkt. Das schließt die Wichtigkeit anderer Fragen (z. B. nach der Produktivkraft) nicht aus; diese sind indes Dinge für sich und haben Anspruch auf ihre eigenen Begriffsbezeichnungen. Der vierte Begriff des Herrn Vorsitzenden enthält sehr viele nichtwirtschaftliche Güter und sollte deshalb gar nicht Vermögen genannt werden. Denn Vermögen ist unbestrittenermaßen eine Summe von Wirtschaftsgütern. Der vierte Begriff sollte deshalb für uns außer Diskussion bleiben und Volkswirtschaftskraft, eventuell Volkswohlstand genannt werden. In dem vierten Begriff müssen auch freie Güter aufgenommen werden, ebenso wie viele „nicht disponierbare" Güter, also solche, die nicht Wirtschaftsgüter sind. Aber gerade dadurch ist zu befürchten, daß dieser vierte Begriff nur ein Inventar im ungünstigsten

Sinne des Wortes zuläßt, wenn man ihn konkret zu fassen sucht. Im übrigen kann als der notwendige Generalnenner einer solchen Erfassung heute einzig der Marktpreis (Verkehrswert) in Betracht kommen. Ein solcher ist nun tatsächlich auch für öffentliche Objekte durchaus sowohl darstellbar wie theoretisch wesentlich (Reichsbahn!).

Vorsitzender:

Ich möchte bemerken, daß ich Volksvermögen nur den ersten Begriff genannt und gerade andere Bezeichnungen für die unter 2—4 genannten Begriffe vorgeschlagen habe. Der vierte Begriff hat aber Bedeutung, auch wenn er nicht summierbar ist. Es ist die Frage der Volkswirtschaftskraft, die uns hier interessiert. Was das bedeutet, wurde sichtbar zum Beispiel, als der Bolschewismus das Chaos in Rußland brachte. Wer die russischen Verhältnisse damals beurteilen wollte, mußte sich fragen: Wieviel Wälder, Gruben usw. besitzt Rußland? Aber in diesem vierten Begriff sind nicht Landstraßen, Kirchen usw. ziffernmäßig zu addieren, sondern es muß daran erinnert werden, daß schon Fr. List das Tauschwertmäßige überwunden hat, als er nach den produktiven Kräften fragte.

Prof. Oppenheimer (Frankfurt a. M.):

Ich habe der begrifflichen Klarheit willen vorgeschlagen, als Oberbegriff „Eigentum" zu wählen und als Unterbegriffe „Nutzeigentum" und „Vermögen" zu unterscheiden. Vermögen ist ein Eigentum, das ein Einkommen abwirft. Die beiden Begriffe sind Korrelativbegriffe, die sich nur durcheinander definieren lassen wie Vater und Sohn. Beim Vermögen haben wir noch einmal unterzuteilen in Sachvermögen, das in Kapital- und Grundvermögen zerfällt, und Arbeitsvermögen. Dieses letztere fehlt in Weyermanns Aufstellung. Und gerade das scheint mir das wichtigste zu sein. Denn die produktiven Kräfte eines Volkes sind die Quelle, aus der es sich mit Befriedigungsmitteln versorgt. Hier haben wir zu fragen: was fördert, was lähmt die produktiven Kräfte? In Geldziffern lassen sie sich aber nicht ausdrücken. Und da der Sinn der Frage nach der Größe des Volksvermögens nur darin besteht, Vergleiche mit anderen Völkern oder mit anderen Perioden der Geschichte des gleichen Volkes anzustellen, so geht schon daraus hervor, daß der Begriff „Volksvermögen" der Mühe nicht wert ist, die auf ihn verwendet wurde.

Prof. Fellner (Budapest)[1]:

Da ich in meinen Publikationen ziffernmäßige Schätzungen des Volksvermögens und Volkseinkommens unternommen habe und Herr Geheimrat Diehl den zahlenmäßigen Ergebnissen solcher Versuche keinen wissenschaftlichen Wert beimißt, so fühle ich mich veranlaßt, gegen einen solchen Standpunkt Stellung zu nehmen.

Die Schätzung des Volksvermögens bildet das schwierigste Problem der Wirtschaftsstatistik. Die Hauptschwierigkeit besteht nicht nur darin, daß die anzuwendende Methode stets dem in dem betreffenden Lande zur Verfügung stehenden statistischen Material anzupassen ist, sondern auch in der Unzulänglichkeit des statistischen Materials. Da aber die amtliche Statistik ihre Beobachtungen auf immer weitere Kreise des wirtschaftlichen und sozialen Lebens ausdehnt und auch die Bearbeitung der Daten mit immer eingehenderer Detaillierung erfolgt, führen auch die Bestrebungen einer Feststellung des Volksvermögens zu immer verläßlicheren Ergebnissen, gewinnen also eine erhöhte wirtschaftliche und praktische Bedeutung.

Die große Bedeutung solcher Untersuchungen erklärt auch der Umstand, daß man, trotz des unzulänglichen statistischen Materials, seit den ältesten Zeiten mit Interesse den wiederholten Bestrebungen der hervorragendsten Statistiker nach ziffernmäßiger Feststellung des Volksvermögens und Volkseinkommens begegnet. Dies erklärt auch, daß sich das internationale statistische Institut des öfteren mit unserem Problem beschäftigt hat. Bei der Schätzung des Volksvermögens und Volkseinkommens handelt es sich ja nicht um eine mathematische Genauigkeit und ist nicht nur den Anforderungen des praktischen Wirtschaftslebens, sondern auch den wissenschaftlichen Interessen und Anforderungen viel damit gedient, wenn die Ergebnisse dem wirklichen Zustande selbst nur nahekommen. Die Wissenschaft kann bei dieser Frage nicht mehr anstreben. In den ziffernmäßigen Endergebnissen des Wertes des Volksvermögens und Volkseinkommens dürfen keine exakten Ergebnisse, sondern nur eine annähernde Orientierung erblickt werden. Wo keine absoluten Werte geboten werden können, muß die Wissenschaft auch annähernde Werte annehmen, von

---

[1] Da Fellner kein gedrucktes Gutachten eingereicht hat, er aber anderseits der einzige Diskussionsredner war, der eine zahlenmäßige Fixierung des V. V. und seinen verschiedenen Arbeiten das Wort redete, sind seine Ausführungen hier in extenso wiedergegeben. Der Herausgeber.

dem Standpunkte ausgehend, daß bei der fortwährenden Entwicklung der exakten Statistik auch die Konjunkturalstatistik ihre Bedeutung besitzt.

Die Bilanzen, welche die einzelnen physischen und juristischen Personen, nämlich die zur öffentlichen Rechnungslegung verpflichteten Unternehmungen, jährlich aufstellen, weisen ja vielfach auch nur Schätzungswerte auf, welche vom wissenschaftlichen Standpunkte sehr leicht angegriffen werden könnten, trotzdem wird niemand behaupten, daß die Aufstellung dieser Vermögensbilanzen wertlos ist.

Der Verein für Sozialpolitik sollte nicht den pessimistischen Standpunkt einnehmen, den Herr Kollege Diehl in so wirkungsvollen Worten vertrat; denn wir würden dadurch mit dem tatsächlichen Leben in Widerspruch geraten, da ja solche Schätzungen auch in der Zukunft immer vorgenommen werden, und zwar von den ernstesten Repräsentanten unserer Wissenschaft. Auch die offizielle Statistik in den Vereinigten Staaten von Nordamerika befaßt sich mit solchen Schätzungen. Es wäre daher viel vorteilhafter und den Anforderungen des praktischen Lebens entsprechender, wenn wir dahin streben würden, die Begriffe Volksvermögen und Volkseinkommen richtig und im Einklange mit den Erwartungen des praktischen Lebens festzustellen.

Meiner Ansicht nach ist das Volksvermögen oder Nationalvermögen die Gesamtheit aller jener wirtschaftlichen Güter und Werte, die in einem gewissen Zeitpunkte einem staatlich organisierten Volke zur Verfügung stehen. Die Elemente des Volksvermögens sind daher: die Liegenschaften (Grundbesitze, Gebäude, Bergwerke); die Verkehrsmittel (Straßen, Brücken, Wasserstraßen, Eisenbahnen, Post, Telegraph und Telephon); die Mobilien; die Forderungen gegenüber dem Auslande, nach Abzug der dem Auslande gegenüber bestehenden Schulden. Die Energiequellen, wie z. B. die natürlichen Wasserkräfte, usw. haben an und für sich keinen Wert, nur wenn dieselben durch Kapitalsanlagen wirtschaftlich nutzbar gemacht werden.

Das Volkseinkommen hingegen besteht in der Gesamtheit aller jener wirtschaftlichen Güter und Werte, welche von einem staatlich organisierten Volke jährlich neu hergestellt werden, abzüglich der Herstellungskosten und vermehrt um die Beträge, welche jährlich vom Auslande ins Inland für Zinsen, Renten oder unter sonstigen unentgeltlichen Titeln einfließen, unter Abzug der unter denselben Titeln jährlich vom Inlande ausfließenden Werte.

Die Elemente des Volkseinkommens sind: die im Inlande jährlich neu gewonnenen Rohprodukte, d. h. der Rohertrag von Ackerbau, Viehzucht, Geflügelzucht, Bienen- und Seidenzucht, Forstwirtschaft, Wein- und Obstbau, ferner von Jagd, Fischerei und Bergbau, nach Abzug der Produktionskosten, jene Werterhöhung, die den von der in- oder ausländischen Urproduktion erzeugten Rohstoffen durch die inländische Bearbeitung gesichert wird, d. h. die von der heimischen Industrie jährlich produzierten Werte; das Ergebnis der den Verkehr der Rohstoffe und Industrieerzeugnisse vermittelnden Handels- und Transporttätigkeit, also jener Wertzuwachs, welcher bei den Gütern vor dem Orte ihrer Erzeugung bis zu dem Orte ihrer bestimmungsgemäßen Verwendung entsteht; die vom Auslande jährlich in das Land für Zinsen, Renten und unter sonstigen unentgeltlichen Titeln geleisteten Zahlungen, unter Abzug jener Beträge, die das Inland unter denselben oder ähnlichen Titeln dem Auslande zahlt.

Wenn man das Volksvermögen als Summe der Einzelvermögen definiert, d. h. das Vermögen der einzelnen physischen und juristischen Personen und selbst des Staates, so müssen wir zu demselben Ergebnisse gelangen; denn die Summe dieser Vermögen kann weder mehr noch auch weniger sein als die Gesamtheit der Güter und Werte im obigen Sinne. Nur ist die Ermittelung viel schwerer, wenn man die Einzelvermögen oder Einzeleinkommen summiert, da in letzterem Falle, um Doppelberechnungen zu vermeiden, sämtliche Schulden in Abzug gebracht werden müssen. Beispielsweise müßten die inländischen Pfandbriefe zum Privatvermögen der einzelnen Personen hinzugerechnet werden, wogegen der Wert des Grundbesitzes respektive der Gebäude, auf welche die Pfandbriefforderungen itabuliert wurden, bereits in vollem Werte in Anrechnung gebracht wurde und die Pfandbriefe bei dem emittierenden inländischen Institut als eine Schuldenpost desselben erscheinen. Es ist daher viel einfacher, als Ausgangspunkt die verschiedenen wirtschaftlichen Güterkomplexe anzunehmen, in welchem Falle die Pfandbriefe überhaupt nicht als Element des Volksvermögens betrachtet werden, da dieselben in der einen Wirtschaft als Aktivum, in der anderen aber als Passivum erscheinen und sich so gegenseitig kompensieren. Die inländischen Pfandbriefe müssen nur dann in Betracht gezogen werden, wenn dieselben in ausländischem Besitze sind, in welchem Falle dieselben als eine Schuldenpost des Landes dem Auslande gegenüber eine Abzugspost bilden. Die ausländischen Pfandbriefe in inländischem Besitz müssen hingegen als Forderung des Landes in Betracht gezogen werden. Ebenso steht es mit den Einlagen usw.

Mit einem Worte, es ist viel einfacher, wenn wir von den Wirtschaftsgütern ausgehend das Volksvermögen zu erfassen suchen, als aus den einzelnen Vermögen den Begriff des Volksvermögens aufzubauen.

Es wäre eine produktivere Arbeit, die Begriffe des Volksvermögens und Volkseinkommens in dieser Weise zu bereinigen, als mit unnötigen Abstrahierungen dem Volksvermögen und Volkseinkommen Inhaltselemente beizufügen, mit welchen, aus dem Gesichtspunkte des praktischen Lebens, nichts erreicht werden kann.

Prof. Helander (Kiel):

In den Gutachten ist mit Recht auf den Zusammenhang der Probleme des Volkseinkommens und Volksvermögens mit dem Geldwertproblem hingewiesen worden. Aber auch Umrechnungen nach dem verschiedenen Geldwert müssen hier manchmal versagen. Es ist bekannt, daß Preisindexberechnungen den säkularen Preisveränderungen gegenüber versagen, weil unsere Messungen der Wichtigkeit der verschiedenen Preise nicht über so lange Zeiten hinaus haltbar sind. Eine ähnliche Schwierigkeit besteht, Preisbewegungen in verschiedenen Ländern zu vergleichen. Aber davon werden unsere Vergleiche der Volkseinkommen und Volksvermögen auch mit Notwendigkeit getroffen. Ich darf eine Nutzanwendung hieraus noch erwähnen, wo nämlich weder räumliche noch zeitliche Differenzen bestehen und solche Schwierigkeiten der Vergleiche bereiten. Das ist in der Wirtschaftspolitik, wo ich glaube, daß der vierte Begriff des Herrn Vorsitzenden ebenfalls von Wichtigkeit sein kann, also nicht nur für finanzpolitische Fragen wie Steuerkraft usw. Wenn eine neue Eisenbahn geplant wird und mit einem anderen Eisenbahnprojekt verglichen wird, so ist die Einwirkung auf das Volkseinkommen entscheidend für die wirtschaftliche Beurteilung. Ebenso für einen Erziehungszoll, soweit er wirtschaftlich beurteilt wird usw. Ich möchte deshalb die Bedeutung des vierten Begriffes des Herrn Vorsitzenden auch von diesem Gesichtspunkte aus betonen.

Privatdozent Dr. Kaufmann (Wien):

Ich erlaube mir an den Ausführungen der Herren Professoren von Gottl-Ottlilienfeld und Weyermann anzuknüpfen, worin das Postulat aufgestellt wurde, daß eine Begriffsbildung nur dann Heimatrecht in einer Wissenschaft erhalten dürfe, wenn ihre Bedeutsamkeit für in dieser Wissenschaft zu behandelnde Probleme erwiesen sei. — Es ist aber darauf hinzuweisen, daß mit der Eingrenzung des Wissenschaftsgebietes der Fixierung des Gegenstandes, „worüber" eine bestimmte Wissenschaft ihre Aussagen macht, bereits ihre Grundbegriffe mitgegeben sind. — So gehören zur Mechanik (Bewegungslehre) die Elemente der Bewegung, das sind ein sich Bewegendes (Masse, Materie) und Raum und Zeit (in der allgemeinen Relativitätstheorie zur Einheit des vierdimensionalen Kontinuums verschmolzen) als Stellenordnungen der Bewegung, und alle rein physikalischen Begriffe (z. B. Geschwindigkeit, Beschleunigung, Energie) lassen sich durch logisch-mathematische Operationen aus jenen Grundbegriffen herleiten. — In der Wirtschaftswissenschaft sind jene Grundbegriffe, aus denen sich dann alle rein ökonomischen Begriffe ableiten lassen müssen, durch Analyse des Begriffes Wirtschaften-Hingabe von Gütern für Güterverfügungschancen über Dinge der Außenwelt zu gewinnen. — Diese Analysen und Synthesen durchführen und alle hierein nicht eingehenden Begriffe als Fremdkörper aus der Wissenschaft ausschalten heißt dem Postulat der Methodenreinheit, um die es nach den übereinstimmenden wohlbegründeten Aussagen mehrerer Herren Vorredner in der Wirtschaftswissenschaft noch sehr schlecht bestellt ist, Geltung verschaffen. — Was nun im besonderen den hier zur Betrachtung stehenden Begriff des Volksvermögens betrifft, so möchte ich bemerken, daß der ökonomische Begriff „Vermögen" ebenso wie der gleichnamige Begriff in der Psychologie oder wie der Kraftbegriff in der Physik nicht einen Sachverhalt bezeichnet, der sich direkter Beobachtung erschlösse, und wie die Kraft nur an der „durch sie hervorgerufenen" Bewegungsänderung meßbar ist, wie psychische Vermögen nur durch ihre Aktualisierungen, das sind die Leistungen charakterisiert werden können, so läßt sich auch das Vermögen in der hier in Frage stehenden ökonomischen Bedeutung nur als eine Chance gewisser mit dem Wirtschaftsprozeß (wirtschaftlichem Verhalten von Individuen) unmittelbar verbundener und daher der ökonomischen Erfahrung unmittelbar zugänglicher „Erträgnisse" (Einkommen) begreifen. —

Der geläuterten methodologischen Einsicht offenbart sich die Überflüssigkeit, ja Hinderlichkeit solcher „hinter der Erfahrung" liegender Begriffe, und so hat die moderne Physik den Kraftbegriff, die moderne Psychologie den Vermögensbegriff bereits über Bord geworfen.

Da aber in der Wirtschaftswissenschaft auch diesbezüglich noch viel Reinigungsarbeit zu leisten ist, glaube ich, im Gegensatz zu Herrn Professor Oppenheimer, daß die methodologische Forschung hier noch eine bedeutende Rolle zu spielen haben wird. —

Prof. Moeller (Erlangen):

Das Verhältnis von Statistik und Wirtschaftswissenschaft bei dieser Problemstellung wird dadurch beeinflußt, daß die Statistik heutzutage ganz wesentlich Wirtschaftsstatistik ist. Die Nationalökonomie soll nicht kommandieren, und auch nicht umgekehrt, sondern eine Zusammenarbeit zwischen beiden ist erwünscht. Zu dem Problem der Bildung des Begriffes der nationalen Produktivkräfte würde ich vorschlagen, im Sinne des bezeichneten Begriffsinhaltes, lieber von „materiellen nationalen Produktivkräften" zu sprechen. Denn zum allgemeinen Begriff der nationalen Produktivkräfte würde beispielsweise noch gehören die Fähigkeit zu schöpferischer Arbeit, also zu gegestalterischer Arbeit mit dauerndem Erfolg. Es entsteht eine Verzeichnung, wenn die verschiedene intellektuelle Befähigung im Rahmen eines Begriffes der „nationalen Produktivkräfte" nicht mit berücksichtigt wird.

Prof. Weyermann (Bern):

Gegen die Ausführungen von Herrn Oppenheimer möchte ich hervorheben, daß ich die Arbeitsmöglichkeiten bewußt nicht in den Begriff des Vermögens mitgerechnet habe. Sie sind nicht als Ganzes frei disponibel und gehören deshalb nicht in den Begriff des „Vermögens". Letzteres trifft vielmehr nur für die einzelnen getätigten Arbeitsleistungen zu, und diese liegen mit ihren Vermögenswerten in den zu erfassenden Gütern. Was sodann die verschiedenen Automobilpreise in verschiedenen Ländern angeht, so muß auf die allgemeine Preisinterdependenz hingewiesen werden. Weil die Autos billiger in einem Lande sind, so sind dort bestimmte andere Dinge, sagen wir z. B. Theaterbillette, teurer und umgekehrt. Man darf nicht exemplifizierend einzelne Güterpreise herausgreifen. Die Preisinterdependenz hat aber zur Folge, daß wir den Marktwert der verschiedenen Waren bei unseren Berechnungen verwenden dürfen, gerade weil wir alle möglichen Kategorien von Wirtschaftsgütern erfassen.

Prof. Zizek (Frankfurt a. M.):

Auf wirtschaftsstatistischem Gebiete, also auch was die Begriffe Volksvermögen und Volkseinkommen anlangt, bin ich — als Statistiker — grundsätzlich bereit, den „Primat" der Nationalökonomie anzuerkennen. Die anwesenden nationalökonomischen Kollegen haben aber heute zum großen Teil den Wert der genannten beiden Begriffe für die theoretische nationalökonomische Forschung ziemlich niedrig eingeschätzt, und es scheint auch, als ob auf nationalökonomischer Seite Einigkeit über die beiden Begriffe in nächster Zeit nicht zu erwarten wäre. Die Statistik kann zurzeit von der Nationalökonomie präzise Richtlinien nicht erhalten. Und doch werden die Untersuchungen über Volksvermögen und Volkseinkommen sicher nicht von der Tagesordnung verschwinden, weil hier offenbar dringende Bedürfnisse der wirtschafts- und finanzpolitischen Praxis vorliegen. Haben solche Berechnungen auch vielleicht geringe theoretische Tragweite, so dienen sie doch der „historischen Erkenntnis", wie es Amonn in seinem Referat nennt. Auch bei dieser Beurteilung erscheint Zusammenarbeit von Statistik und Nationalökonomie wünschenswert. Allerdings dürfte es kaum die Aufgabe der Nationalökonomie sein, die beiden Begriffe bis in alle jene Einzelheiten, die bei den tatsächlichen statistischen Berechnungen geregelt sein müssen, zu präzisieren. Eine vollständige Verschmelzung der nationalökonomischen und der statistischen Begriffsbildung dürfte überhaupt nicht zu erzielen sein, da sich die Statistik bekanntlich nicht ausschließlich in den Dienst der Nationalökonomie stellen kann, sondern auch die Interessen anderer Wissenschaften sowie jene der öffentlichen Verwaltung, jene der verschiedenen Erwerbskreise und sofort zu berücksichtigen hat.

Prof. Schmidt (Frankfurt a. M.):

Der Betriebswirtschaftler muß in seiner Arbeit täglich die Größe von Einkommen und Vermögen konstatieren. In seiner Bilanzaufstellung wird exakte Stellungnahme verlangt, und seine Arbeit steht oft dem Wirtschaftsexperiment nahe. Bei einer Fusion muß er also die verschiedenen Objekte bewerten, und die Richtigkeit hiervon kann schon nach ein paar Jahren nachgeprüft werden. Er muß Scheingewinne und Scheinverluste feststellen, um zu wissen, was Einkommen und Vermögen ist und was nicht. Wenn die Rechnungen der Unternehmer falsch sind, so wird auch die Summierung für die ganze Volkswirtschaft falsch.

Was die immateriellen Werte angeht, so ist z. B. die Schweizer Luft schon im Wert des Ackers berechnet. Auch die Landstraßen sind nicht zu rechnen, denn die Tatsache, daß sie da sind, erhöht schon den Wert der Böden. Es ist gefragt worden, inwiefern Individualvermögen von dem Volksvermögen abweichen können. Hierbei ist zu beachten, daß die verschiedene Leistungsfähigkeit Volksvermögen und Volkseinkommen beeinflussen können, auch wenn die materielle Grundlage gleich ist. Aber alle immateriellen Werte schlagen sich in Börsenwerte nieder und können so bei den Privatvermögen beobachtet werden.

Prof. von Gottl-Ottlilienfeld (Berlin):

Dem Herrn Vorredner unterlief ein Mißverständnis: Nicht hinsichtlich „Einkommen" und „Vermögen", sondern bezüglich „Volkseinkommen" und „Volksvermögen" besteht der Wirrwarr in unserer Wissenschaft. Herrn Kollegen Zizek möchte ich entgegnen: Nicht auf Begriffsklärung, sondern auf Problemklärung kommt es an. Wenn nur erst einmal die Nationalökonomie in ihrer Problematik zur Reife gediehen ist, dann ergeben sich die scharfen Fragestellungen an die Statistik, dessen diese mit ihren eigenen Methoden zu genügen wissen wird. Herrn Kollegen Kaufmann gegenüber darf ich mir vielleicht die Mahnung erlauben, daß unsere Wissenschaft in Sachen der Methodologie auf ihr gutes eigenes Recht pochen und nicht hinter anderen und ganz anders gearteten Wissenschaften herlaufen soll.

Dr. Winkler (Wien):

Den Standpunkt des Statistikers zur vorliegenden Frage hat bereits Zizek in so zutreffender Weise gekennzeichnet, daß ich nichts anderes tun kann, als mich seinen Ausführungen vollinhaltlich anzuschließen. Wenn es nach dem Verlaufe der Wechselrede den Anschein gewonnen hat, als ob das, was wir Statistiker bisher als Volkseinkommen und Volksvermögen verstanden und berechnet haben, keinen Wert für den Nationalökonomen besitze, so können wir keineswegs darauf verzichten, es auch weiterhin so zu verstehen und zu berechnen, aus dem einfachen

Grunde, weil weite Kreise diese Zahlen verlangen und unser Bestreben allein darauf gerichtet sein muß, die Begriffe einheitlich zu bestimmen, um uns untereinander unzweideutig zu verständigen. Vielleicht ist aber das, was wir da berechnen, gar nicht so sinn- und wertlos, als es nach einzelnen Ausführungen scheinen könnte. Ich möchte nur darauf hinweisen, daß der sehr wichtige Begriff des Nahrungsspielraums, mit dem die Bevölkerungslehre arbeitet, annähernd der gleiche ist wie der des Volkseinkommens in dem von der Statistik erarbeiteten Sinne. Ich kann darum auch nicht glauben, daß die heutigen Äußerungen das letzte Wort der Nationalökonomie in dieser Frage sind, und hoffe auf ein Näherkommen der beiden Standpunkte. Dann erst wird es an der Zeit sein, über die vielen Einzelheiten, mit denen der Statistiker heute allein verfügen muß, fertig zu werden, wie z. B. beim Volkseinkommen, Natural- oder Geldform, Anrechnung der Verbrauchsdienstleistungen und -nutzungen, Umschreibung des „abgeleiteten Einkommens", Behandlung der unentgeltlichen Verbrauchsdienstleistungen, wie besonders der Hausfrauen, Trennung der Gebrauchs- und Vermögenswirtschaft und vielen anderen — endgültig ins reine zu kommen.

Vorsitzender:

Wir stehen am Schluß unserer Besprechungen, die nicht nutzlos gewesen sind. Nach unserer Kritik wird wohl der letzte Rest von Hochachtung gegenüber Versuchen, eine einfache Summe für Volkseinkommen und Volksvermögen zu nennen, verschwunden sein. Diese Versuche haben nur Wert gehabt für politische Stimmungsmache u. ä.

Unsere Beratungen haben ferner die Notwendigkeit der Zusammenarbeit von Nationalökonomie und Statistik bewiesen. Hierbei kann die Statistik auf die verschiedenen Fehlerquellen aufmerksam machen, damit die Nationalökonomie hier Klärung schaffen kann.

Mystische Vorstellungen wie Arbeitswert usw. müssen wir von diesen Begriffen ausschließen. Es handelt sich hier um reale Werte, nicht dagegen z. B. um die schöpferische Kraft. Ebenso wie die Nationalökonomie früher mit Begriffen wie mit dem ehernen Lohngesetz und dem Produktionskostengesetz arbeitete, an deren Stelle heute die Forderung der realen Forschung getreten ist, ebenso muß auch beim Volkseinkommen und Volksvermögen die reale Forschung Platz greifen.

FSC
www.fsc.org
MIX
Papier | Fördert gute Waldnutzung
FSC® C083411

Kolibri 360 GmbH
Ferdinand-Jühlke-Straße 7
99095 Erfurt, Deutschland
produktsicherheit@kolibri360.de

Druck:
CPI Druckdienstleistungen GmbH
im Auftrag der
Kolibri 360 GmbH
Ferdinand-Jühlke-Str. 7
99095 Erfurt